LE POUVOIR INSOUPÇONNÉ DE TES BLESSURES ET DE TES BLOCAGES

Création maquette : Bénédicte Souffrant – PCA-CMB.

ISBN : 978-2-36188-521-2

www.editions-tredaniel.com
info@guytredaniel.fr
www.facebook.com/editions.tredaniel
@tredaniel_eso
@editions_exergue

Isabelle CERF

LE POUVOIR INSOUPÇONNÉ DE TES BLESSURES ET DE TES BLOCAGES

ÉDITIONS
EXERGUE
27, rue des Grands-Augustins
75006 Paris

SOMMAIRE

AVERTISSEMENT

1. Même si ce livre est écrit selon la norme lexicale en vigueur – qui est la méthode la plus adaptée de par son contenu dense –, il s'adresse à chaque âme dans sa pluralité : originale, unique, fière d'elle et des valeurs qu'elle porte.

2. Il est parfois suggéré que le tutoiement implique d'une certaine façon un biais d'autorité ou qu'il est infantilisant. Il est pour moi très important, car, dans ce livre, je te parle d'âme à âme, d'égal à égal, de cœur à cœur, et je ne souhaite pas par le vouvoiement mettre la moindre distance entre nous.

3. Dans ce livre, tu verras que je fais souvent référence à « sa part de responsabilité ». Il est évidemment hors de question de t'interroger sur la tienne si tu fais face à des situations violentes, physiquement comme psychologiquement. Dans ce cas, tu es une victime, point.

INTRODUCTION

La spiritualité me fascine depuis toujours. C'est un univers extraordinairement riche qui aide à avoir un autre regard sur la vie, sur les événements et sur soi. Il s'est construit au fil des siècles autour de différentes disciplines qui se complètent et qui mettent en miroir notre complexité, notre identité, notre imperfection et notre beauté (comme la divination, l'astrologie, les énergies, le karma, etc.). Ses enseignements sont riches et permettent à chaque personne de prendre conscience de soi.

Grâce à la spiritualité, j'ai pu poser des mots sur mes ressentis, j'ai appris à prendre du recul sur des événements et je me suis découverte. Elle m'a aidée et m'aide chaque jour à créer une relation profonde et sincère avec moi-même.

Dans mon premier livre, *Le Guide du Lightworker*, je t'expose en toute honnêteté et avec sincérité mon cadre de référence spirituel. Je t'y présente tous les outils pour partir à la découverte de ta propre spiritualité et de toi. Aujourd'hui, je te propose un livre un peu différent.

Dans ce livre, je souhaite te parler de tes blocages[1] et de ce que tu souhaites fuir.

Dans ce livre, je souhaite t'aider à t'accueillir tel que tu es et à t'écouter avec bienveillance.
Dans ce livre, je souhaite parler de toi et de la belle personne que tu es.

Commençons par le commencement.

Depuis quelques temps, je vois fleurir de plus en plus de propositions magiques de libération de traumas, de blessures ou d'émotions négatives.

Je suis fatiguée de voir ces promesses d'abondance à base de mantras précis à répéter trois fois par jour. Je suis fatiguée de recevoir des messages de personnes désespérées pensant mal faire les choses, car les protocoles ne fonctionnaient pas. Cela a créé une grande colère en moi. D'une part car je ne supporte pas qu'on utilise le désespoir des autres pour son bénéfice personnel, d'autre part car je suis une personne polytraumatisée.

Je fais partie de ces personnes qui se sont construites sur des bases traumatiques. Je fais partie de ces personnes qui ont lutté pour survivre et pour donner un sens à leur vie. Je fais partie de ces personnes qui ont voulu mourir plus jeunes, qui ont tellement été en colère qu'elles ont repoussé toute aide possible, qu'elles ont tellement été désespérées

1. **Un blocage** est une énergie, une faille, une pensée, une blessure, un souvenir, une réaction émotionnelle qui peut t'empêcher de créer un bien-être intérieur et extérieur. C'est une alerte très importante avec un enseignement essentiel à ancrer en toi.

qu'elles ont créé des relations toxiques, qu'elles ont tellement voulu être heureuses qu'elles ont créé leur bonheur personnel. Je fais partie de ces personnes qui portent physiquement, énergétiquement, émotionnellement et psychiquement de lourdes cicatrices. Je fais partie de ces personnes qui ont donné le meilleur d'elles-mêmes pour être qui elles sont aujourd'hui.

Et quand je vois ces protocoles, ces rituels, ces grigris magiques qui annulent et qui effacent tous les traumatismes et toutes les blessures, j'ai l'impression qu'on renie notre parcours, notre résilience, notre force de vie, notre volonté d'être heureux. Je trouve que c'est un manque total de respect pour tout ce que nous avons vécu et traversé.

Non, un protocole spirituel ne peut pas effacer tes traumatismes. Non, un rituel ne peut pas te rendre heureux. Non, un grigri n'éloigne pas les émotions négatives. Non, non et non. Au nom de toutes les victimes, arrêtez ce discours. C'est offensant. C'est irrespectueux.

Quand tu subis un traumatisme, c'est comme si tu étais tranquillement chez toi. Et que quelqu'un entre dans ton logement en détruisant la porte, il ne regarde pas la terreur dans tes yeux ou s'en moque et n'écoute pas tes cris de désespoir. Devant toi, démuni, il prend tout. Tout ce que tu as de plus cher, il te l'enlève. Et s'il ne l'emmène pas, il le casse. Tu regardes totalement impuissant ce qu'il se passe. Tu ne peux rien faire. Et cette personne s'en va. Ton logement est vide et détruit. Il ne te reste qu'une seule chose : les clefs de ton appartement.

Tu n'as plus que cela. Et c'est toi alors qui décides de ce que tu vas faire de ces clefs. C'est à toi de décider si tu cours à la porte pour tout fermer à double tour pour rester caché pendant des mois ou des années.

C'est toi qui décides de quitter cet appartement pour ne plus jamais y revenir.

C'est toi qui décides de laisser entrer une personne de confiance pour t'écouter et te soutenir.

C'est toi qui décides de refaire la décoration de ton appartement à l'identique de l'ancienne.

C'est toi qui décides de changer tout et de mettre en place une nouvelle configuration.
C'est toi qui décides, car, la seule chose qui te reste, ce sont ces clefs et ce que tu vas en faire.

Ne laisse personne décider de ce que tu vas faire de ces clefs.

Quand je vois ces protocoles de libération de traumatismes, j'ai l'impression qu'une nouvelle personne entre de nouveau dans notre appartement. Soit elle s'agite partout avec plein de conseils non avisés pour refaire une décoration qui n'est pas à notre goût et qu'on n'a pas demandée. Soit elle nous enlève nos clefs en nous disant que ce n'est pas la peine de fermer la porte, qu'elle est devant pour nous protéger. On se retrouve alors dépendant d'elle pour notre propre sécurité. J'ai l'impression qu'elle nous prend la main pour nous faire un bisou magique en nous disant que tout est terminé. L'appartement est vide, on est dévasté, mais on a eu le bisou magique. Youpi.

Vraiment, plus le temps passe, et moins je crois en la libération. Du moins, je ne crois pas à tout ce qu'on promet derrière ce terme. J'ai longtemps cherché la libération de mes différents traumatismes. J'ai grandi dans une forme de ténèbres où rien ne m'a pas été épargné. Je me suis construite sur des bases plus que bancales ne créant que des schémas toxiques. Je ne pouvais faire que cela. Je ne savais pas comment faire autrement. Et quand j'ai découvert la spiritualité, j'ai voulu me libérer. Me libérer de toutes ces souffrances intérieures qui me broyaient la chair en permanence, me libérer de toutes ces peurs qui créaient une hyper-vigilance et un épuisement général, me libérer de mes blessures pour être une personne lumineuse digne du bonheur. J'ai tout fait. J'ai essayé de toutes mes forces. Et je me sentais coupable quand j'avais de nouveau une réaction ou une pensée traumatique. Alors, je commençais une nouvelle méthode me promettant de faire encore mieux que la dernière fois. Cela a duré des années et puis, un jour, j'ai enfin compris : la libération n'est pas possible. La libération est un leurre, la libération est une fuite de qui je suis. Alors, j'ai arrêté de vouloir me libérer et libérer les autres, et je me suis acceptée.

Ce livre est né d'un constat que j'ai fait avec l'expérience et en échangeant avec beaucoup d'entre vous. Je me suis rendu compte qu'on peut chercher dans la spiritualité à fuir ce qui ne nous convient pas. C'est un réflexe humain. Et c'est ce que j'appelle la « spiritualité doudou ». C'est la recherche rapide d'un outil magique qui va nous débarrasser de tout ce qui ne nous convient pas en nous. C'est une fuite de soi par l'extérieur. C'est une recherche de bien-être immédiat, sans remise en question et sans réflexion sur la part de responsabilité de ce que l'on nourrit en nous.

La spiritualité doudou

Pratiquer une « spiritualité doudou », c'est utiliser les outils spirituels comme tes oracles, ton pendule, les énergies, le magnétisme en pensant qu'ils ont toutes les réponses et qu'ils savent mieux que toi. C'est penser que c'est l'extérieur qui va te sauver. La spiritualité doudou, c'est croire que tes guides vont t'apporter toutes les réponses. C'est croire que tu n'as qu'à suivre leurs directives pour être heureux. De ce fait, la spiritualité doudou mène à une soumission consciente ou non à des croyances limitantes, à des certitudes, à l'exécution de rituels et de protocoles qui n'ont pas de résonance avec tes propres énergies et qui ne te libèrent pas.

Lorsque tu commences à t'intéresser à la spiritualité, tu peux être dans la spiritualité doudou de façon inconsciente. Tu peux en effet nourrir l'espoir que la spiritualité va te libérer de tous tes blocages et de tout ce qui te dérange en toi. Rassure-toi, c'est humain et c'est le cas de bon nombre de personnes. Mais si la recette magique et sans effort existait, ça se saurait, non ?

Tu peux passer beaucoup de temps, voire dépenser beaucoup d'argent, pour mettre en place des protocoles, effectuer des rituels de libération et nourrir la certitude que l'extérieur t'apportera cette perfection ou ce bonheur tant attendu, puisque tu suis les règles à la lettre. Et si tu te rends compte que cela ne fonctionne pas ou que, sur un court terme, tu vas penser que tu as mal fait les choses, que tu n'es pas assez spirituel, que c'est ta faute, tu vas alors repartir sur un autre protocole ou un autre rituel, continuant ainsi de disperser tes énergies.

La spiritualité doudou ne te rend pas libre. C'est une fuite de ton quotidien, de ta part de responsabilité et de toi. Et tu mérites bien mieux que la fuite. Tu mérites de t'accueillir avec amour et bienveillance tel que tu es, sans jugement.

La spiritualité ancrée

C'est ce que tu peux faire en pratiquant une spiritualité plus ancrée, une spiritualité fondée avant tout sur l'acceptation de ton imperfection et de celle du monde qui t'entoure. Car le monde extérieur est imparfait, et il est à notre image.

Nous avons en nous une partie lumineuse et une partie sombre : une nous conseille et l'autre nous alerte. La spiritualité ne te promet pas la perfection puisque celle-ci est impossible à atteindre et illusoire. Mais une spiritualité ancrée t'aide à prendre conscience que tu es un subtil mélange de failles, de paradoxes, de potentiels, de pensées, d'énergies, d'émotions et de libre arbitre. La spiritualité ancrée est une écoute de toi, une prise de recul et une remise en question juste et bienveillante de toi, de tes actions et de tes réactions. Elle t'aide aussi à prendre conscience que tu as le droit de tout faire et que tu n'es pas obligé de rentrer dans un moule tant que ton empreinte énergétique[1] est positive pour toi et est neutre ou positive pour les autres.

En pratiquant une spiritualité ancrée, tu prends conscience que tes outils spirituels comme tes oracles, ton pendule, les énergies, le magnétisme, tes guides, etc., t'apportent des pistes de réflexion, te montrent du doigt des choses importantes, t'apportent un soutien, te tendent la main, mais que la chose la plus importante qui prédomine sur tout, c'est que :

> Tout part de toi et que tout est à l'intérieur de toi, car, au-delà des enseignements généraux qui te sont transmis, ton travail intérieur est le pan majeur de ta réalisation personnelle.

La spiritualité que j'appelle « ancrée » t'aide à comprendre que tes blocages sont des alertes, et qu'il ne suffit pas de pratiquer des rituels pour t'en libérer pour aller mieux. La spiritualité ancrée t'aide à comprendre que

1. **Une empreinte énergétique**, c'est l'influence de tes énergies, de tes actions et de tes réactions sur toi et sur les autres. Quand elle est positive pour toi, tu crées une énergie de bien-être intérieur et tu respectes tes propres limites en écoutant tes besoins et tes attentes. Quand elle est neutre ou positive pour les autres, tu respectes leurs propres limites et tu n'es pas dans l'effet miroir des mémoires. Tu ne réactives pas leurs failles, tu ne crées pas de bases relationnelles négatives. Tu ne les catégorises pas et tu ne les juges pas. Tu les acceptes tels qu'ils sont.

ce n'est pas juste la libération qui règle le problème. Ce n'est pas juste la libération qui est la clef de ton bonheur. Ce n'est pas juste la libération qui t'aide à te sentir bien. Mais c'est l'équilibre et la compréhension. L'équilibre intérieur et l'acceptation. L'équilibre entre ta partie lumineuse et ta partie sombre. L'équilibre entre ton passé et tes projets. L'équilibre entre ce que tu veux et ce que tu fais. Tout est une question d'équilibre. Et c'est dans le mot « équilibre » que se trouve le mot « libre » ☺.

Dans ce livre, je vais t'apprendre à pratiquer une spiritualité plus ancrée. Cette dernière va t'aider à prendre conscience que tu ne peux pas te libérer de tout, mais que tu peux utiliser toutes les parties de toi pour créer ton propre bien-être et ton propre bonheur. Elle va t'aider à prendre conscience de tout ce que tu fuis et à t'écouter d'une oreille précieuse et attentive.

Dans ce livre, tu vas apprendre à prendre ton temps, à ne plus disperser tes énergies pour être dans une course à la performance, à ne plus te comparer de façon négative aux autres, à ne plus te sous-estimer, car tu n'as pas les résultats miraculeux, à ne plus avoir l'impression d'être une mauvaise personne, car aujourd'hui tu n'as pas effectué les rituels dictés par les autres.

Dans ce livre, tu vas apprendre à nuancer les choses, à prendre conscience que notre monde et notre nature ne sont pas binaires. Il n'y a pas de méchants ou de gentils. Il n'y a pas de guerre entre les éveillés et les non-éveillés. Il n'y a pas de personnes purement lumineuses et d'autres habitées par des sombres ténèbres. Il n'y a pas de personnes dotées de dons et d'autres qui sont là juste pour les écouter et suivre leurs préceptes.

Dans ce livre, tu vas apprendre à aimer qui tu es, à aimer tes parties sombres comme tes parties lumineuses, à aimer tes failles, tes blessures comme ton inspiration, ta beauté d'âme et tes plus grandes qualités, et à nuancer les événements, tes réactions, la vie et le monde.

Dans ce livre, tu vas apprendre à te poser des questions et à rechercher les réponses intérieures plutôt que de t'enfermer dans des certitudes figées. Tu vas apprendre à prendre conscience que tu es ton principal guide. Ces questions vont t'aider à t'accepter et à t'aimer pour la personne que tu es aujourd'hui, et à accueillir ton imperfection la plus totale. Elles vont t'aider à voir tes blocages, tes failles, tes peurs et ta partie sombre d'une nouvelle façon.

Dans ce livre, tu vas apprendre que tes blocages sont importants et positifs en tant qu'alertes, et tu vas apprendre à intégrer leurs enseignements pour que tu puisses créer ton propre bonheur et totalement t'aimer. Et non pas pour que tu deviennes « la meilleure version de toi-même ». Simplement pour que tu sois toi, la personne la plus importante de ta vie.

Je t'invite à le parcourir en fonction de tes besoins. Il a pour objectif de te guider vers ta propre façon d'être, de penser et de vivre. À la fin du dernier, tu trouveras un QR code qui t'amènera vers des vidéos de cas pratiques. Tu verras comment appliquer ta P.R.O.P.R.E méthode sur des exemples concrets. Mon principal objectif est que tu te fasses confiance, que tu oses te regarder tel que tu es avec douceur et bienveillance, et que tu crées ce qui est important pour toi.

Je t'embrasse.

Isa

CHAPITRE 1

DES BLESSURES AUX BLOCAGES

Nous sommes des êtres blessés. Je pense sincèrement que chaque personne est un être blessé. Ce n'est pas une fatalité, ni une excuse. Ce n'est pas non plus une fuite de sa part de responsabilité, mais je pense sincèrement que chaque être humain est un être blessé. Le nombre de blessures est différent, l'intensité et l'impact sur notre quotidien le sont aussi.

Ces blessures ont plusieurs origines. Elles peuvent être karmiques, c'est-à-dire qu'elles peuvent être liées à des vies antérieures comme elles peuvent se créer lors de notre enfance.

Ce sont les blessures qui créent les blocages. Ce sont les blessures qui créent les relations toxiques. Ce sont les blessures qui nous empêchent de créer notre propre bien-être et notre bonheur. Et on ne peut pas se libérer de nos blessures. Alors sommes-nous voués à souffrir en permanence ? Pas du tout, car tu peux par contre travailler sur tes blocages. Mais vouloir se libérer de ses blessures sans comprendre nos blocages est une fuite en avant. Tu vas dépenser beaucoup de temps et d'énergies pour revenir toujours au point de départ. Combien de soirées as-tu passé à pleurer en ayant l'impression de tout bien faire sans avoir les résultats que tu attends ? Combien d'achats frénétiques as-tu effectués pensant acquérir l'objet miracle ? Combien de personnes as-tu adulées sans prise de recul en pensant qu'elles allaient te sauver ? Moi, je l'ai fait. Je le reconnais. Avant de comprendre que la libération de mes blessures n'était pas possible, j'ai fait toutes ces choses. Et toi ?

Les blocages sont la conséquence de nos blessures. Les deux sont profondément liés.

Alors, comment se crée une blessure ?

Une blessure est issue d'un traumatisme. C'est une cicatrice qui s'inscrit en toi. C'est une marque indélébile qui s'inscrit dans ta chair, dans tes énergies et dans ton être.

Cette cicatrice peut être douloureuse et boursouflée, elle peut prendre beaucoup de place, elle peut t'empêcher de respirer, elle peut te couper la respiration, elle peut te bloquer dans le passé. Mais cette cicatrice peut aussi être sans douleur. Tel un tatouage discret, quand tu la vois, elle te rappelle le chemin que tu as parcouru et ce que tu as construit en toi pour être la belle personne que tu es.

Nous avons tous une sensibilité particulière, c'est-à-dire qu'une même expérience vécue par deux personnes différentes ne va pas forcément inscrire la même blessure en elles. On ne compare pas non plus le vécu de chaque personne. Nous avons tous une sensibilité différente, un chemin différent, un bagage différent, une façon de marcher et une façon d'avancer différentes.

Ton enfance a pu inscrire en toi des blessures. Ces cicatrices peuvent être douloureuses et ces cicatrices peuvent t'horrifier. Tu peux avoir l'impression qu'elles bloquent la construction de ton bonheur et de ton bien-être.

L'enfance est une période très importante dans notre vie. C'est le moment où nous sommes le plus vulnérables et où nous sommes en train de nous construire. C'est le moment où nous mettons en place nos premiers réflexes, où nous créons nos premières réactions émotionnelles, où nous construisons nos schémas relationnels avec les autres, où nous construisons notre identité. C'est un moment très important et nous ne sommes pas armés, car nous dépendons des autres.

Nous construisons notre cadre de référence, notre façon de nous regarder et de voir le monde avec des outils qu'on ne peut pas questionner, avec des relations qu'on ne peut pas remettre en question, avec des personnes qui ont une grande influence sur nous. Cela peut paraître injuste. Cela peut paraître terrifiant. Cela peut paraître déstabilisant.

En tant qu'individu, on se construit grâce à la relation que l'on a avec nos parents, nos adultes de confiance, grâce à l'éducation que l'on reçoit, grâce au conditionnement que l'on éponge, grâce à l'environnement extérieur dans lequel on grandit. Avec nos yeux d'enfants, tout cela apparaît comme une normalité à laquelle on ne peut pas échapper. Tout cela apparaît comme des règles figées à suivre. Tout cela apparaît comme le monde tout entier.

C'est compliqué d'être un enfant. C'est compliqué d'être un parent, car nos parents comme tout un chacun sont des êtres blessés. Je suis d'ailleurs persuadée que la parentalité est la relation entre deux enfants : l'enfant en construction et l'enfant intérieur de l'adulte. Cependant, il y a quelque chose de très important : c'est l'adulte qui est responsable et non l'enfant.

En tant qu'enfant, tu n'es pas responsable. Tu n'es pas responsable des réactions émotionnelles que l'adulte n'arrive pas à équilibrer, tu n'es pas responsable de ses blessures qu'il tente de fuir, tu n'es pas responsable de l'environnement dans lequel tu grandis, tu n'es pas responsable des actions de tes parents. Tu n'es pas responsable. Et surtout, tu ne dois rien à tes parents comme tes enfants ne te doivent rien.

Notre enfance a pu nous blesser. Mais notre enfance n'écrit pas le reste de notre vie. Elle ne fige pas dans le marbre nos futures relations, nos futures réalisations, la création de notre bonheur et de notre bien-être.

Alors, quelles sont ces blessures qui peuvent se créer ?

Si tu t'intéresses au développement personnel, tu as pu lire les ouvrages de Lise Bourbeau qui en parle beaucoup. Ces blessures sont empreintes de beaucoup de nuances. Leur intensité et leur impact sont différents selon chaque personne. Je parle de ces blessures dans mon premier livre, *Le Guide du Lightworker*.

Tu n'es pas faible si tu as de nombreuses blessures. Tu n'es pas fort si tu n'en as pas. Tu es un être unique, complexe avec une sensibilité qui t'appartient. Personne n'a le droit de te catégoriser, de te juger ou de te critiquer gratuitement. Mais récapitulons :

Une des blessures peut être celle de l'abandon. Elle se crée lorsqu'il y a un manque de sécurité intérieure et/ou extérieure, émotionnelle et/ou physique.

Il y a la blessure de rejet. Elle se crée lorsqu'il y a une sensation d'être repoussé, méprisé, dénigré et/ou mis à l'écart.

Il y a la blessure d'injustice qui se crée lorsqu'il y a un manque d'empathie, l'impression qu'on n'est pas écouté, qu'on ne prend pas en compte nos besoins, nos limites et nos attentes. Elle se crée quand on grandit en devant répondre sans cesse à des règles qui ne correspondent pas à notre identité et à nos valeurs sans pouvoir les remettre en question.

Il y a la blessure de trahison qui se crée lorsqu'on se sent trahi par une personne de confiance.

Il y a la blessure d'humiliation qui se crée quand on a l'impression qu'on ne respecte pas notre intégrité et notre intimité.

Ces blessures se créent pendant l'enfance et non à l'âge adulte. Ces blessures peuvent être inconscientes et se manifester lors d'expériences vécues en tant qu'adultes. Cela ne veut pas dire qu'en tant qu'adulte tu ne peux pas être blessé. Cependant, quand tu ressens de profonds blocages ou quand des événements déclenchent de profondes réactions émotionnelles déséquilibrées, cela réactive des blessures déjà présentes en toi. Alors, je sais. Tu peux attendre de moi un mode d'emploi pour identifier ces blessures et un protocole pour t'en libérer. Merci, bonsoir, on n'en parle plus. Sauf que tu es un être complexe. Au-delà de la présence de ces blessures, c'est la relation que tu as avec elles en tant qu'adulte qui va créer des blocages.

Les blessures créent une souffrance intérieure qui, elle, crée des blocages, et c'est la place que tu leur laisses dans ton être intérieur qui t'empêche d'avancer. De nouveau, je n'ai pas un protocole miracle pour t'aider à comprendre l'influence de tes blessures. Car, de nouveau, tu es un être complexe. Et je te respecte beaucoup trop pour te catégoriser ou te faire croire que se connaître, se découvrir et se comprendre, c'est facile.

Avec une variété de nuances, tu as plusieurs choix conscients ou non concernant la relation que tu as avec tes blessures.

Soit elles vont te conseiller et tu vas créer des blocages. Tu vas avancer dans une grande dualité. Tu vas à tout prix chercher le bonheur et le bien-être en te sentant incapable de sortir de ta zone de confort bloquante et en ressentant une souffrance quotidienne. Cela crée un grand inconfort intérieur. Chaque situation va être vécue par le prisme de tes blessures et de ta douleur. Tu vas avoir beaucoup de difficultés à ressentir le positif en ayant l'impression de tout faire pour l'accueillir dans ta vie. Alors que tu souhaites vivre des expériences sereines et saines, tu vas créer des schémas relationnels, de fonctionnement et de pensées négatifs, voire toxiques. Si tu vis actuellement cette situation, sache que je t'envoie beaucoup de bienveillance et de douceur du plus profond de mon cœur.

Soit tu vas chercher à les fuir. Tu ne vas pas vouloir regarder ces blessures. Tu ne vas pas vouloir ressentir cette souffrance et cette douleur. Tu ne vas pas vouloir regarder ta partie sombre. Tu ne vas pas vouloir l'accepter. Tu vas créer des blocages sans les reconnaître. Tu pourras facilement les voir chez les autres par l'effet miroir, mais tu auras beaucoup de difficultés à l'admettre. Plus tu fuis tes blessures, plus ton empreinte énergétique peut être négative pour les autres, plus tu peux créer des fonctionnements, des schémas de pensées et relationnels toxiques. Plus tu fuis tes blessures, plus tu peux créer de nombreux dommages collatéraux. Au-delà de tes propres blocages, tu peux blesser d'autres personnes dans la fuite de toi. Je ne te dis pas cela pour te culpabiliser, car je pense qu'à différentes échelles et intensités nous l'avons déjà tous fait au moins une fois. Cependant, il est important de prendre conscience qu'on peut être parfois l'horrible personnage de l'histoire. Mais pour cela, il est important de ne plus fuir ses blessures.

Soit tu vas voir tes blessures comme des alertes. Tu vas accueillir ta souffrance intérieure. Tu vas regarder tes cicatrices. Tu vas accepter les blocages présents dans ta vie. Tu vas t'écouter, t'apporter la douceur, le temps et la bienveillance dont tu as besoin. Tu vas t'autoriser à être imparfait. Tu vas prendre conscience que tu fais le maximum avec les moyens que tu as. Tu vas créer une nouvelle relation avec toi, et tu vas faire de tes blessures et de ton passé une force. Tu ne verras plus tes blocages comme une immondice à libérer mais comme une alerte importante pour comprendre ce dont tu as besoin, pour comprendre qui tu es et pour avancer à ton propre rythme.

Nos blocages découlent de nos blessures. En prenant conscience de leur présence, de leur intensité, de leur influence et de leur source, on ouvre la porte à un être magnifique : nous. On prend conscience que tout part de nous et on prend conscience de notre force mais aussi de notre vulnérabilité. On devient ou redevient acteur de notre vie tout en ayant conscience véritablement de qui on est. On avance à notre rythme en fonction de soi et non en fonction des autres, des croyances limitantes et des injonctions sociétales.

S'il doit y avoir une clef de ton bonheur, elle ne se trouve pas dans la libération de tes blessures. C'est impossible et utopique. La clef de ton bonheur se trouve au cœur de tes blocages. Elle se trouve au cœur de leur acceptation, de leur compréhension et des actions que tu mets ensuite en place pour avancer à ton rythme en fonction de toi, de tes besoins et de tes attentes. Alors, oui, ce n'est pas évident tous les jours. Oui, parfois tu peux te sentir démuni. Mais, en prenant conscience de cela, tu es l'acteur de ta vie. Tu n'es pas passif à attendre l'effet d'un soin ou d'un grigri miracle, tu n'es plus à croire à la fatalité pensant le bonheur réservé aux autres, tu n'es plus enfermé dans une répétition de schémas négatifs qui te ramène toujours au point de départ et qui accentue tes blessures et ta souffrance, tu n'es plus en train de dépenser ton temps, ton énergie et ton argent pour des rituels ou des protocoles qui n'ont pas de sens pour toi. Tu reprends les rênes. Tu reprends le contrôle de ta destinée. Tu reprends le *lead* de ton avancée. Et ça, crois-moi, ça n'a pas de prix.

Plus tu vas accepter, comprendre et travailler sur tes blocages, plus tu vas créer une nouvelle relation avec tes blessures. Plus tu vas accepter, comprendre et travailler sur tes blocages, plus tu vas prendre du recul par rapport aux autres et à l'extérieur en créant ton propre cadre de référence, en doutant, en écoutant tes pensées et tes réflexions intérieures.

Plus tu vas accepter, comprendre et travailler sur tes blocages, plus tu vas t'éloigner de tout schéma toxique. Plus tu vas accepter, comprendre et travailler sur tes blocages, plus tu vas laisser ta force intérieure te guider. Ce n'est pas miraculeux. Mais ne crois-tu pas être le miracle que tu attends d'un outil extérieur ? Je suis convaincue que si. Sincèrement.

CHAPITRE 2

UTILISE TA **P.R.O.P.R.E** MÉTHODE

Pourquoi - Responsabilité - Objection
Pédagogie - Résolutions - Et oui

Comme je te l'ai expliqué précédemment, ce n'est pas la reprogrammation, la libération ou bien des protocoles qui peuvent créer ton bonheur, ton abondance et ton bien-être.

Pourquoi ? Car tu es un être complexe, unique, fait de paradoxes, de failles, de blessures, de mémoires karmiques, de lumière, d'amour et de réactions biaisées. Et surtout, le bonheur est une construction personnelle qui a une définition différente selon chaque personne. L'abondance aussi. Le bien-être aussi. Te soumettre à ces pratiques, attendre d'elles qu'elles t'apportent paix, amour et lumière, ce n'est pas être spirituel. C'est être dépendant. C'est être dans la spiritualité doudou.

Je me suis rendu compte qu'on pouvait rechercher dans la spiritualité doudou une solution miracle et qu'on cherchait davantage des réponses rapides plutôt que de se poser des questions. Je me suis rendu compte qu'on a peur du doute, qu'on a peur de dire « je suis responsable », qu'on a peur de dire « j'ai une partie sombre », qu'on a peur de dire « je ne suis pas parfait ». Cela peut être vécu comme un aveu de faiblesse ou un échec.

Je me suis rendu compte aussi qu'on peut justifier ce qu'on considère comme des erreurs ou des expériences négatives en rejetant la faute sur l'extérieur, en trouvant des excuses qui nous dédouanent de notre part de responsabilité : « Ça n'a pas marché, car cette personne est toxique. » « Je suis comme cela, car j'ai une mémoire d'abandon. » « Je n'ai pas de temps pour moi, car je suis médium et que les gens comptent sur moi. » « Je n'ai pas rencontré cette personne, car mon oracle m'a menti. » « Cela ne s'est pas produit, car mon pendule a dit quelque chose de faux. » « J'ai fait cela, car mes guides me l'ont demandé. »

Toutes ces pensées, aussi sincères soient-elles, entravent la liberté d'être soi-même, mais surtout la chance unique de se remettre en question et de se connaître. Une chance unique de s'observer et de se comprendre.

La spiritualité apporte de nombreux outils qui sont merveilleux pour se comprendre, mais on peut s'en servir pour se fuir totalement, sans même s'en rendre compte. On laisse alors l'extérieur ou l'autre nous définir, nous libérer ou nous expliquer une situation, une relation ou un mécanisme de fonctionnement/pensées sans prendre part au propos, comme si nous n'étions que les spectateurs passifs de notre vie.

On n'arrive plus à se dire : « J'ai réagi comme cela avec mon libre arbitre. » « Cette relation n'a pas fonctionné, mais on a chacun notre part de responsabilité. » « J'ai eu tort d'agir ainsi. »

Ces phrases apparaissent comme des échecs et peuvent créer un sentiment de honte et de culpabilité.

Mais nous sommes tous imparfaits. C'est notre nature. Nous ne sommes pas qu'amour, comme nous aimerions le penser. L'idée est belle, mais la réalité est plus complexe que cela.

Nous sommes des âmes incarnées dans un corps physique. Des âmes d'amour, certes, mais des âmes qui ont vécu et qui vivent chaque jour des expériences qui nous ont aidés à intégrer des enseignements et qui nous ont transmis un bagage. Et il n'y a pas que de l'amour dans ce bagage. C'est un bagage gris, un bagage fait d'ombre et de lumière.

Si nous n'étions qu'amour, crois-tu vraiment que notre monde et notre quotidien auraient ce visage ?

La vie est faite d'imperfections, que ce soient nos âmes et, par ricochet, notre monde.

Je me suis également rendu compte que lorsqu'on cherche une réponse (un sens à une relation, à une situation, à un mécanisme de fonctionnement ou de pensées), on va en premier lieu demander une réponse à l'extérieur, que ce soit aux guides, à des personnes que l'on pense de confiance ou expérimentées, ou à des outils (oracles, pendules, protocoles, pierres, rituels, etc.). On attend d'eux une solution miraculeuse, qu'ils nous libèrent d'un coup de baguette magique de ce qui ne nous convient pas dans notre vie, qu'ils nous libèrent de nos failles émotionnelles, de nos blessures ou de nos traumas.

Mais très rarement, on va penser à notre libre arbitre, à ce que l'on décide de nourrir en nous, à la façon dont on se connecte à soi. Le libre arbitre arrive toujours en dernier et peut être vite écarté, alors que tu es ton premier guide et que ton libre arbitre est ton principal pouvoir. Bien entendu, il est à nuancer avec de nombreuses choses, et cela ne fait pas de toi une mauvaise personne si tu as l'impression de ne pas bien l'utiliser. Rappelle-toi que tu fais toujours au mieux avec les outils dont tu disposes, essaye juste de ne pas oublier celui-ci. Il est précieux.

Ton libre arbitre, c'est ce que tu décides de faire, de dire, de ressentir, de nourrir en toi. Le libre arbitre est la conséquence de ce que tu nourris à l'intérieur de toi. C'est la place que tu laisses à tes peurs, à tes failles, à tes réactions émotionnelles, à ton potentiel intérieur et à ta beauté. C'est le rôle que tu leur donnes. Ce sont tes choix, tes décisions, tes réactions.

La pratique de la spiritualité invite à se regarder dans un miroir sans chercher à maquiller ou à cacher ce qui nous dérange, elle invite à se regarder vraiment, dans les yeux avec honnêteté et sincérité, sans jugement. Elle t'invite à t'aimer pour qui tu es, à t'accepter ainsi, sans vouloir changer à tout prix tout ce qui te dérange ou te libérer de ce qui te paraît comme ténébreux. Elle t'invite à prendre conscience que l'amour et le bonheur sont des constructions personnelles et intérieures, et qu'elles ne concernent que toi, la personne que tu vois dans le miroir.

C'est toi qui les construis et qui les nourris à l'intérieur de toi. C'est toi l'outil magique que tu recherches parfois à l'extérieur. Tu as en toi une source infinie de ressources et d'enseignements.

C'est la raison pour laquelle j'ai développé la méthode que je vais te proposer dans ce livre, une méthode s'appuyant sur 5 questions qui vont t'aider à te connecter à tes propres capacités. Des questions qui vont t'accompagner, te rappeler que tu as en toi tout ce dont tu as besoin, que l'extérieur ne t'apporte que des outils, un soutien ou des pistes de réflexion pour t'aider à trouver ton chemin intérieur, mais que tu es ton principal allié.

Je t'invite à te les poser, dans l'ordre, lorsque tu te trouves dans une situation qui ne te convient pas, comme lorsque tu souhaites te libérer de quelque chose, lorsque tu ne comprends pas quelque chose en toi, lorsque tu as l'impression de ne pas être sur le bon chemin, lorsque tu as l'impression que tout est gris et sombre, lorsque tu as besoin de réponses, lorsque tu as besoin de l'extérieur.

P.R.O.P.R.E : PREMIÈRE QUESTION

P : *Pourquoi ?*

Dans mes échanges avec vous, une des questions que j'entends le plus souvent est : « Comment ? »

Quand je parle d'une blessure, d'une faille ou quand je fais référence à notre partie sombre, la première question qui revient est : « Comment m'en libérer ? » « Comment s'en sortir ? » « Comment, comment, comment ? »

Ce « Comment ? » est tout à fait naturel. Personne ne souhaite rester dans une situation qui ne lui convient pas, mais il peut aussi représenter une fuite de soi, un refus de se regarder honnêtement, un refus de comprendre ce qu'il se passe en nous. Ce « Comment ? » peut être une invitation à ce que l'extérieur prenne vite le contrôle, à ce que l'extérieur règle ce que tu penses être un problème, à ce que l'extérieur te dicte quoi faire. Ce « Comment ? » peut finalement ouvrir la porte à la spiritualité doudou et à la soumission à des rituels ou à des protocoles qui n'ont pas de résonance pour toi, et qui seront vains.

Je ne te dis pas de ne pas te poser cette question, mais je t'invite dans un premier temps à te demander : « Pourquoi ? »

« Pourquoi cela me dérange ? »

« Pourquoi est-ce que cela m'influence autant ? »

« Pourquoi je le nourris en moi ? »

« Pourquoi est-ce présent en moi ? »

« Pourquoi est-ce que je souhaite m'en libérer ? »

« Pourquoi cela se répercute de façon négative dans ma vie ? »

« Pourquoi cela crée ce que je ne souhaite pas ? »

« Pourquoi est-ce que je souhaite utiliser tel ou tel outil ? »

« Pourquoi ai-je l'impression de ne pas réussir à me servir de cet oracle ? »

« Pourquoi ne suis-je pas satisfait des résultats avec mon pendule ? »

Quand tu te poses la question « Pourquoi ? », tu redeviens l'acteur principal de ta vie. Tu accueilles qui tu es, tu prends un moment de pause pour t'écouter et pour t'accepter. Ce « Pourquoi ? » apporte une tout autre énergie, celle de la spiritualité ancrée.

La spiritualité n'est pas une course de rallye, et les réponses à cette première question ne seront pas forcément immédiates en fonction de ce que tu vis. Mais tu as le temps. D'ailleurs, si tu as l'impression que ce n'est pas le cas et de devoir tout faire rapidement, je te pose la question : « Pourquoi ? »

Quand tu te poses la question « Pourquoi ? », tu fais un état des lieux de ce qu'il se passe. C'est la première étape indispensable. Cela t'aide à comprendre tes vrais besoins et tes vraies attentes. Cela t'aide à cerner tes motivations premières.

Tu peux aussi te poser la question : « Pourquoi je vis cette situation ? » Cependant, il est important que cela ne crée pas en toi de culpabilité, car le monde n'est pas binaire, et ce n'est pas parce que tu vis des expériences négatives que c'est obligatoirement ta faute. Il est très important de te poser l'ensemble des questions pour comprendre la complexité de ton être et des situations que tu vis ou que tu as vécues.

Les questions sont tes amies, les doutes sont tes alliés, et ta difficulté à répondre n'est pas un manque de connexion avec toi. C'est au contraire une réponse importante concernant ta relation avec toi. Demande-toi par exemple : « Ai-je peur de me découvrir ? » ou « Est-ce que je me sens capable d'affronter la réponse seul ? »

C'est un premier pas vers toi, vers qui tu es, vers ta véritable identité.

Crois-tu que nous aimons tous les réponses que nous avons en nous ? Absolument pas.

Nous aimerions tous être la personne la plus bienveillante de la Terre, celle qui n'est qu'amour et paix intérieure, celle qui se connaît le mieux, celle qui a la réponse à toutes les questions. Mais si tel était le cas, nous ne serions pas là. Nous ne serions pas incarnés. Nous ne serions pas en train d'expérimenter.

Alors, accepte tes réponses intérieures et ne les juge pas. Accueille-les telles qu'elles se présentent à toi.

Elles peuvent te donner des sensations négatives ou des malaises intérieurs, mais si elles sont là, c'est qu'elles sont importantes, qu'importent leurs énergies. Et surtout, rassure-toi, nous sommes tous confrontés à ces réponses parfois délicates.

Nous cherchons tous la quête du bonheur. Et il n'est jamais loin puisqu'il est à l'intérieur de nous.

P.R.O.P.R.E : DEUXIÈME QUESTION

R : *Quelle est ma part de responsabilité ?*

Tu peux avoir des difficultés à te poser cette question, car elle peut engendrer de la culpabilité. Mais se poser cette question, ce n'est pas valider la situation. Ce n'est pas se dire « je l'ai cherché », « c'est ma faute », « je le mérite » ou « je ne fais que des erreurs ». Non.

Se poser la question « Quelle est ma part de responsabilité ? », c'est mettre en avant ton libre arbitre, c'est mettre en avant ta liberté d'être, c'est mettre en avant les mécanismes de fonctionnement et de pensées que tu nourris en toi à l'instant T.

D'ailleurs, la question de ta responsabilité ne s'applique pas directement à l'événement dont il s'agit. Elle concerne la façon dont tu nourris cela en toi. Par exemple, si tu as été victime d'une expérience traumatisante, ne te pose pas la question « Quelle est ma part ma responsabilité ? ». Cela serait totalement injuste envers toi !

Ta part de responsabilité concerne ce que tu nourris en toi et ce que tu projettes sur les autres. Cela concerne la façon dont tu te sers de ton passé, de ton vécu, de tes failles, de tes émotions, etc. C'est une question très importante qui peut aussi te demander du temps.

Prendre conscience de ta part de responsabilité, ce n'est pas t'accabler de reproches. C'est une remise en question juste et bienveillante. Prendre conscience de ta part de responsabilité, c'est accueillir une réelle remise en question, une écoute de soi, c'est te regarder vraiment dans un miroir.

Les chapitres suivants t'apporteront des pistes de réflexion pour t'aider à répondre concrètement à cette question en fonction de tes différents besoins et attentes.

P.R.O.P.R.E : TROISIÈME QUESTION

O : *Objection ! ou comment nuancer ?*

Cette question « Comment nuancer ? » vient en troisième position, mais toujours pas pour se demander comment se libérer ou se sortir d'une situation. Non, la troisième question t'invite à nuancer ton propos ou la situation.

> Qu'est-ce qu'une nuance ?
>
> Une nuance est par définition l'état intermédiaire par lequel peut passer quelqu'un ou quelque chose.

Nous vivons tous à un rythme qui n'est pas le nôtre et qui est trop rapide. Nous avons une grande charge mentale et notre société nous fait croire que, pour réussir, il faut toujours être en action. Nous pouvons alors être en économie cognitive. L'économie cognitive est le fait de penser, de réagir et d'agir en utilisant principalement la catégorisation, les raccourcis, les jugements et la pensée binaire. La pensée binaire est le fait de penser de façon catégorique. Soit c'est blanc, soit c'est noir. Soit c'est bien, soit c'est mal. Il n'y a plus de place pour la nuance.

Quand tu penses de façon binaire, tu ne prends pas le temps d'avoir des moments de pause pour te poser des questions. Tu ne prends pas le temps pour avoir du recul sur les événements. Tu ne prends pas le temps de nuancer les choses. Tes pensées et tes réflexions sont tout aussi rapides que ton rythme. Tu peux laisser des blessures ou des blocages te conseiller ou chercher à les fuir, car tu n'as pas le temps de te questionner. Tu n'as pas le temps de voir la situation dans sa complexité. Tu n'as pas le temps de te rendre compte que tout est nuancé. Cela peut créer une relation déséquilibrée avec ton intérieur.

Nuancer, c'est prendre conscience que rien n'est binaire dans la vie mais que tout est complexe. Nuancer, c'est prendre conscience que, parfois, la compréhension, la vérité et l'enseignement se trouvent bien loin des cases, des catégorisations et des idées reçues. Nuancer, c'est prendre conscience que, souvent, plusieurs réponses sont possibles. Nuancer, c'est prendre conscience que chacun d'entre nous est un être complexe et que la vie l'est tout autant. Nuancer, c'est prendre conscience qu'il y a toujours plusieurs paramètres qui définissent une chose et que chacun d'entre eux a une influence avec une intensité et une récurrence différentes.

Apprendre à nuancer va t'aider à accueillir les situations avec plus de justesse et de bienveillance. Cela va t'aider à prendre conscience qu'on a tous un cadre de référence[1] différent, qu'on fait le maximum avec les moyens qu'on a, qu'on cherche tous à créer un équilibre plus ou moins stable avec nos différentes failles.

Comme pour la part de responsabilité, la nuance n'est pas forcément directement liée à l'événement concerné. Elle est liée à ce que tu nourris en toi, à ce que tu ressens, à ce qui est important pour toi concernant tes pensées, tes réactions émotionnelles, tes besoins et tes attentes.

1. **Le cadre de référence**, c'est l'ensemble de tes idées, de tes valeurs, de tes mécanismes de fonctionnement, de pensées, relationnels en fonction de ton vécu, de tes expériences, de ton karma et de ce que tu nourris en toi. Ton cadre de référence, c'est le filtre que tu as devant les yeux, constitué de tes bases intérieures qui te permettent de voir le monde, de voir les autres et de te voir d'une certaine façon. Il n'est pas ancré dans le marbre, il est en perpétuelle transformation si, par ton libre arbitre, tu laisses la place à cette transformation.

En te posant la question « Comment nuancer ? », tu prends le recul nécessaire face à ton propre cadre de référence. Tu prends de la hauteur, tu accueilles le cadre de référence extérieur. Tu regardes ce qu'il se passe en toi avec un nouveau regard.

Là aussi, je te détaillerai des pistes concrètes dans chacun des chapitres afin que tu puisses te poser cette question de la façon la plus juste possible.

P.R.O.P.R.E : QUATRIÈME QUESTION

P : *Pédagogie : quels sont les enseignements ?*

Pour moi, dans la vie, tout est enseignement. Chaque expérience nous enseigne quelque chose. Cependant, cet enseignement n'est pas forcément immédiat. La vie est un cycle et il y a un temps pour chaque chose.

Il y a le temps pour l'expérience où tu vis les choses en fonction de toi et des moyens que tu as à ta disposition à l'instant T, et il y a le temps de la prise de recul qui t'aide à intégrer l'enseignement de cette expérience. Et, en fonction de ce que tu vis, tu vas avoir besoin de quelques minutes, de quelques jours ou bien parfois, de plusieurs années, voire de plusieurs décennies, pour prendre du recul et intégrer l'enseignement.

Te poser la question de l'enseignement t'aide à acquérir une sagesse intérieure et t'aide à faire de ton passé une force. Très souvent, on veut oublier son passé, on veut se libérer de ce qui nous a fait souffrir, on peut oublier tout ce qu'on pense être toxique. Cependant, notre passé et nos souvenirs nous définissent, car ils constituent notre mémoire et une grande partie de notre identité.

Notre passé ou nos expériences n'ont pas vocation à nous faire souffrir de façon éternelle, à nous figer dans des zones de confort bloquantes ou à nous créer une carapace indestructible. Notre passé et nos expériences ont simplement le rôle qu'on leur donne, et ce rôle peut évoluer avec le temps.

Vouloir à tout prix se libérer de notre passé et de nos expériences est souvent utopique, et cela précipite une nouvelle fuite en avant. En passant à côté de nos expériences ou en essayant de les fuir, on prend le risque de recommencer sans cesse les mêmes choses, en boucle, avec les mêmes conséquences. Bien évidemment, cela se nuance.

Chaque expérience que tu vis sera toujours empreinte d'une intensité différente dans tes énergies et à l'intérieur de ton être. Prendre du recul pour comprendre ce que cela t'apprend t'aide à accueillir une nouvelle connaissance de toi, t'aide à avancer avec une plus grande assurance, t'aide à créer ton propre bonheur et à marcher sur des chemins qui te seront bénéfiques.

Plus tu apprends de tes expériences, et plus tu comprends ce que tu nourris en toi.

Plus tu apprends de tes expériences, et plus tu décides de ce que tu souhaites ou non.

Plus tu apprends de tes expériences, et plus tu cernes tes attentes et tes besoins profonds.

Plus tu apprends de tes expériences, et plus tu te connais.

Je vais te guider au fil des chapitres pour t'aider à répondre à cette question.

P.R.O.P.R.E : CINQUIÈME QUESTION

R : *Résolutions : quelles actions puis-je mettre en place ?*

La phase d'introspection est très importante. Elle n'a pas de durée stricte et peut être entrecoupée de différentes périodes. Chaque personne avance et s'écoute à son propre rythme, mais quand l'enseignement est acquis, il est très important que tu détermines la ou les actions que tu désires mettre en place pour créer le chemin que tu souhaites. Il est important que ces actions soient précises et délimitées dans le temps.

Rappelle-toi qu'il n'y a pas de petite action et que chaque petit pas que tu fais sur ton propre chemin compte. Ces actions t'aident à être de nouveau au centre de ta vie, à garder le rôle principal, à être libre de tes choix. Elles t'aident à faire confiance à ton libre arbitre, et elles t'aident à écouter tes besoins et tes attentes.

Je détaillerai dans les prochains chapitres et en fonction de leur sujet les actions à mettre en place ; toutefois, tu peux utiliser la méthode SMART qui a été créée en 1981 par George T. Doran. Cette méthode peut t'aider à être dans une énergie d'action. Elle peut t'aider à sortir de ta zone de confort à ton rythme en étant guidé par différentes étapes à suivre. Attention, ce n'est pas une méthode miracle. Je ne crois pas aux méthodes miracles. Cependant, cela peut t'aider à avancer pas à pas.

- S pour « spécifique » : le but est de lister des objectifs spécifiques. Je te conseille d'en lister maximum trois pour que cela ne crée pas une grande charge mentale. Tu les nommes concrètement.
- M pour « mesurable » : tu définis le temps dont tu as besoin pour réaliser ces objectifs.
- A pour « accessible » : tu détermines et tu listes les ressources dont tu vas avoir besoin et tes limites intérieures.
- R pour « réaliste » : tu détermines ton potentiel intérieur pour réaliser ces objectifs.
- T pour « temps » : tu te laisses un temps réaliste pour mettre en place ces objectifs.

P.R.O.P.R.E : POUR FINIR :

E : *Et oui, maintenant à toi de vivre.*

> Agir t'aide à ne pas te soumettre à l'extérieur, à ne pas fuir vers l'extérieur, à ne pas être passif face aux différents outils spirituels.
>
> Agir, c'est oser découvrir les différentes facettes de ta personnalité, c'est oser prendre différents chemins pour savoir lequel te convient, c'est oser ouvrir la porte du renouveau et de l'inédit avec confiance et douceur.
>
> Agir, c'est vivre tout simplement.

Ces 5 questions t'aideront ainsi à prendre conscience que tes blocages sont tes amis en tant qu'alertes. Elles t'aideront à avoir un nouveau regard sur toi et sur ce que tu perçois.

Ce sont des questions que tu peux te poser quand tu médites, quand tu es dans des endroits calmes ou à n'importe quel moment. Tu peux les écrire et les relire avant de laisser venir tes réponses intérieures. Te poser ces questions, c'est une connexion avec toi. Tu peux aussi demander de l'aide à une personne expérimentée ou de confiance pour répondre à ces questions. Fais-le en fonction de tes propres besoins, c'est très important.

Ces questions t'aident à ne pas t'engager dans une course folle à la perfection, mais à accueillir et aimer qui tu es. La personne que tu es aujourd'hui. Totalement imparfaite, mais volontaire pour se découvrir et créer son propre bonheur.

CHAPITRE 3

LES BLOCAGES AVEC SOI-MÊME

Dans ce chapitre, je vais t'aider à te connecter à toi et aux blocages que tu ressens pour te découvrir, t'accepter et pour t'aimer grâce aux 5 questions.

Je vais t'apporter des pistes de réflexion, mon propre cadre de référence pour t'aider à recevoir tes réponses intérieures. Je vais t'aider à écouter en tant qu'alertes ce que tu penses être des blocages à libérer.

LES BLOCAGES AVEC MES ÉMOTIONS

Dans ce chapitre, je vais t'aider à comprendre et à créer une nouvelle relation avec tes émotions.

Les émotions sont reliées au chakra sacré. Une émotion est une stimulation d'une intensité et d'une récurrence variables qui invite à réagir. Ces réactions dépendent de nombreux facteurs : tes habitudes réactionnelles, ton environnement extérieur, ton état physique et psychique, et de ta connexion avec ta partie sombre.

Tu peux t'intéresser à la spiritualité par volonté de te libérer de tes émotions. Tu peux chercher une pierre, un outil, un grigri ou un protocole qui va t'aider à te libérer de tes émotions négatives ou à libérer tes émotions positives.

Ce n'est pas une démarche spirituelle constructive. C'est une fuite de soi.

Tes émotions ne sont pas tes ennemies, bien au contraire. Une émotion est un moteur intérieur. Quand elle est négative, c'est une alerte qui t'invite à faire une pause pour te poser des questions. Quand elle est positive, c'est une source d'inspiration qui t'invite à avancer en ayant confiance en toi.

Si tu te libères de tes émotions, tu te figes. Tu n'avances plus. Tu restes bloqué dans ta zone de confort. Tu n'es plus en mouvement. Tu as besoin de tes émotions. Tu as besoin de les écouter. Tu as besoin d'équilibrer tes réactions émotionnelles. Plus tu vas chercher à les libérer, plus tu vas les fuir ou les forcer. Plus tu vas les fuir, plus tu vas avoir l'impression d'être submergé par leur intensité.

Une émotion est comme un guide.

Elle a toujours quelque chose à te transmettre : soit une alerte, soit un conseil.

Ce sont tes guides intérieurs : elles sont précieuses et indispensables à ton avancée.

Accueille tes émotions, écoute-les et ressens-les.

Les émotions négatives

Dans ce chapitre, je vais te parler de tes émotions négatives.

Il est très important de ressentir tes émotions négatives sans les nourrir ni prendre de décision quand elles sont intenses. Plus tu vas les renier, plus elles vont créer des tensions intérieures.

À l'aide des 5 questions, je vais t'aider à les comprendre et à créer une nouvelle relation saine avec elles.

C'est très simple, je vais te décrire ci-après les six émotions négatives les plus communes qui agissent en nous.

Tu pourras ainsi cerner celle sur laquelle tu souhaites travailler, pour l'appréhender d'une nouvelle façon et bien comprendre ce qu'elle peut porter, signifier, avoir à te transmettre.

Puis, une fois que tu es bien concentré sur toi et tes ressentis, interroge-toi avec les 5 questions sur l'émotion qui est au centre de tes interrogations. Si tu peines malgré tout à trouver des réponses, n'hésite pas à prendre un temps pour toi afin de t'ancrer et te recentrer avant de réessayer. Il est important que tu sois pleinement à l'écoute de toi, de ton intérieur.

La colère

Je ne connais que trop la colère. Elle m'a broyé les entrailles pendant de longues années.

La colère est une émotion négative qu'il est important d'écouter et de comprendre. Son but est de t'alerter. Elle t'invite à faire une pause pour te recentrer sur toi et prendre conscience que tes limites personnelles sont mises à mal.

Une limite est une frontière semi-perméable entre tes besoins et l'extérieur. Par moments, tu peux être en colère contre toi, car tu franchis tes propres limites, tu mets en place des actions qui ne sont pas en accord avec tes besoins et tes ressources. Tu peux être en colère contre les autres, car ils franchissent tes limites. Tu peux être en colère contre le monde, car tes limites ne sont pas respectées. Tu peux ressentir comme un feu intérieur qui t'empêche de prendre du recul face aux événements. Cela peut influencer négativement tes réactions, ta communication et tes décisions.

La colère est une alerte importante et fondamentale pour savoir si tes limites sont respectées ou non.

> La colère peut créer de grandes tensions intérieures. Cependant, ce n'est pas l'émotion qui crée ces tensions, ce sont tes réactions émotionnelles. Une émotion ne dure que quelques secondes, le temps de te faire réagir. C'est toi qui réagis à cette stimulation.

La colère ne se réprime pas, elle ne fuit pas. Tu peux essayer de te libérer de la colère. Cependant, c'est une fuite en avant. Si tu ne ressens pas la colère, tu ne sais pas quand tes limites sont dépassées. Si tu ne ressens pas la colère, tu ne sais pas quand dire « non ». Si tu ne ressens pas la colère, tu ne sais pas modifier tes actions pour respecter tes ressources et tes besoins.

Tu peux te sentir consumé ou submergé par la colère. Tu peux avoir l'impression de ne pas gérer tes réactions émotionnelles. Tu peux avoir l'impression que la colère est ton ennemie. Ce n'est pas vrai.

La colère est ton alliée en tant qu'alerte. Cependant, ce n'est pas une conseillère fiable. Quand elle te conseille, elle crée une carapace autour de toi. Elle te donne la sensation que tes limites sont transgressées en permanence. Elle te fait croire que l'extérieur est dangereux et que tu dois toujours t'en méfier. Elle te donne l'impression de toujours devoir te battre contre des ennemis qui te veulent du mal. Elle te fait croire que tu ne peux être que déçu, même si tu donnes le meilleur de toi-même. Elle te fait croire que le bonheur et la liberté ne sont pas à ta portée.

Quand la colère te conseille, elle t'emprisonne. C'est pourquoi il est important de prendre un temps pour rééquilibrer la relation que tu entretiens avec cette émotion.

La culpabilité

La culpabilité est très importante en tant qu'alerte, car elle t'aide à respecter les limites des autres.

Elle t'aide à prendre conscience de l'impact de tes actions et de tes réactions sur les autres. La culpabilité est une émotion dite « morale » ou « sociale ». Ce n'est pas une émotion primaire. Une émotion primaire[1] est une émotion que tout le monde ressent, quelle que soit sa culture ou son éducation.

La culpabilité est une émotion qui se manifeste au contact des autres. Généralement, elle apparaît chez l'enfant

1. Les six émotions primaires sont la joie, la colère, la peur, la tristesse, le dégoût et la surprise.

entre 18 et 24 mois. En tant qu'alerte, la culpabilité aide à prendre conscience de son empreinte énergétique sur les autres. La culpabilité en tant qu'alerte est très importante, car elle aide à développer l'empathie. L'empathie est la reconnaissance et la prise en compte des ressentis d'autrui.

La culpabilité est présente quand tu as la sensation d'avoir commis une faute. Elle se manifeste pour indiquer qu'il y a une différence entre ce que tu veux faire, ce que tu veux dire, ce que tu veux créer et les faits réels. Elle est souvent accompagnée de la déception, de la honte et de la colère.

> L'alerte de la culpabilité est là pour te dire qu'il y a une différence entre l'action et l'intention.

Elle fait prendre du recul sur les conséquences de tes actes, de tes réactions et de tes paroles sur les autres. C'est une alerte importante qui t'aide à prendre conscience que tu peux dépasser les limites des autres. Elle t'aide à prendre conscience que, même si ce n'est pas ton intention, tu ne respectes pas les besoins des autres.

Te libérer de la culpabilité, c'est ne plus prendre en compte les besoins et les limites des autres. Tu peux alors avoir une empreinte énergétique négative sur les autres. Tu peux créer des fonctionnements, des schémas de pensées relationnels toxiques pour les autres. Par exemple, tu peux être dans la dépendance affective. La dépendance affective, c'est le besoin excessif et déséquilibré des autres et de l'extérieur pour se sentir exister et pour subvenir à ses besoins personnels.

Cela peut être matériellement mais aussi par ta présence et par tes actions. La culpabilité te conseille de toujours faire plus. Créer une nouvelle relation avec elle en tant qu'alerte, c'est travailler sur ta dépendance affective. Créer une nouvelle relation avec la culpabilité en tant qu'alerte, c'est vivre d'une nouvelle façon les conflits. C'est accepter qu'un conflit ne soit pas un échec. C'est accepter qu'un conflit ne signe pas forcément la fin d'une situation ou d'une relation. Si tu ne te sens pas capable de vivre les conflits différemment, tu vas laisser la culpabilité te conseiller.

Nous vivons tous ensemble. La culpabilité en tant qu'alerte est importante, car elle invite à réparer.
Quand la culpabilité est présente comme alerte, elle invite à prendre conscience que les limites des autres sont dépassées, et elle invite à réparer cela.

Écouter la culpabilité comme alerte, c'est créer un climat extérieur le plus bienveillant possible pour que chaque personne puisse s'épanouir.

La jalousie

La jalousie est une émotion négative. Son but est de t'alerter.

C'est assez drôle, car on remarque et on suspecte très souvent la jalousie des autres mais on peut avoir des difficultés à admettre sa propre jalousie. Et pourtant, nous avons tous été et nous serons tous jaloux au cours de notre existence. D'une intensité et d'une récurrence différentes, mais la jalousie est une émotion naturelle.

Comme chaque émotion négative, la jalousie invite à faire une pause et à nous poser une question importante :

« Qu'est-ce que je vois chez l'autre que je souhaite avoir ? »

La jalousie se manifeste quand il y a un désir de posséder ou d'être ce que l'autre a ou est. C'est aussi la crainte de perdre qui on est ou ce qu'on a au profit des autres.

La jalousie peut se manifester avec ou sans raison concrète. Elle peut être ressentie à la suite de pensées, de suppositions, de peurs ou de blessures.

La jalousie comme alerte met en avant un manque.

La jalousie n'est pas l'envie. L'envie n'est pas accompagnée de peurs ou de colères comme la jalousie. L'envie, c'est le fait de vouloir quelque chose que l'on n'a pas. La jalousie est liée au mérite. On souhaite quelque chose que l'on pense mériter ou on a peur de perdre quelque chose qu'on a mérité. L'envie est liée à la possession, alors que la jalousie est liée au mérite.

La jalousie n'est pas bonne conseillère. Quand elle conseille, elle peut déséquilibrer les relations que tu vas avoir avec les autres. Les auteurs Pfeiffer et Wong ont mis en avant trois dimensions de la jalousie :

- La jalousie cognitive : la jalousie crée des pensées négatives, des doutes figeants et des croyances limitantes. Quand tu ressens la jalousie, tu vas t'enfermer dans des schémas de pensées négatifs. Tu peux répéter des phrases négatives, tu peux faire des conclusions hâtives, tu peux te figer dans des doutes concernant tes choix et les situations présentes dans les différents domaines de ta vie.
- La jalousie émotionnelle : la jalousie crée une relation comme conseillère avec les autres émotions négatives. Quand tu ressens la jalousie, la peur te conseille et te dicte de rester dans ta zone de confort. La tristesse te conseille et te fait croire que tout s'arrête. La colère te conseille et te fait croire que les autres ne respectent jamais tes limites et ne prennent pas en considération tes besoins.
- La jalousie comportementale : la jalousie crée des comportements négatifs pour toi. Tu vas être en

hypervigilance, tu vas te sentir obligé de surveiller les autres, tu peux être agressif dans tes actions et dans tes réactions. Tu vas agir pour contrôler les autres.

La jalousie comme conseillère t'épuise. Tu vas dépenser beaucoup d'énergies pour toujours t'améliorer et chercher une perfection impossible à atteindre. Tu vas avoir besoin de contrôler tes relations par peur de perdre l'autre pensant qu'une autre personne le convoite. Tu vas nier la jalousie pensant que cela fait de toi une mauvaise personne. Tu vas toujours remettre en question tes choix injustement, cherchant de nouveau cette perfection impossible à atteindre.

C'est humain d'être jaloux. C'est important de le reconnaître.

La honte

La honte est une émotion qui peut être pénible à ressentir. Elle est présente quand on a l'impression d'être indigne d'une action, d'un comportement, d'une réaction ou d'un état. Quand on ressent la honte, on met en avant nos failles et notre vulnérabilité. La honte provoque un sentiment d'infériorité face aux autres. La honte réduit la confiance en soi et donne l'impression qu'on n'est capable de rien. Quand tu as honte, tu cherches à t'isoler et à te replier sur toi-même.

La honte est à différencier de l'humiliation. La honte crée un état de stupeur, voire de sidération. On ne se sent pas capable de réagir et on se sent impuissant. L'humiliation invite à réagir et à se défendre.

Quand elle te conseille, la honte brutalise et fragilise ton ego. Tu as l'impression d'être indigne de tout et tu cherches à tout prix à te cacher. Tu t'isoles des autres et tu passes beaucoup de temps seul. Tu as l'impression de ne pas avoir de ressources positives pour les autres et de ne rien avoir à partager de positif avec les autres. Tu ne partages pas tes passions que tu trouves inintéressantes pour les autres. Tu ne partages pas ton cadre de référence que tu penses inutile pour les autres. Tu ne partages pas ton histoire et ton passé que tu penses inutiles pour les autres. Tu crées une carapace intérieure et extérieure. Tu te caches de toi-même et des autres. Tu refuses ta lumière intérieure et tu refuses de l'exposer à l'extérieur.

Quand la honte te conseille, tu redoutes en permanence le regard des autres. Tu es en hypervigilance concernant l'attitude des autres face à toi. Tu cherches à fuir le regard de l'autre pour te préserver des moqueries, du jugement et des critiques. Quand elle te conseille, tu considères tes erreurs comme impardonnables et tu as l'impression de ne pas mériter une seconde chance. Tu peux même rejeter l'aide des autres, pensant en être indigne.

Quand tu as honte, tu te figes. Il est très difficile de parler de ce qui nous fait honte. Tu peux même avoir honte d'avoir honte. C'est un cercle vicieux de souffrances intérieures.

La honte comme alerte t'invite à faire une pause et à te poser une question importante :

« Quelle faille a été vue par l'extérieur et pourquoi je ne l'accepte pas ? »

C'est une question qui peut être difficile à se poser, et pourtant elle est très importante. Nous avons tous des failles et des blessures. Nous avons tous des défauts et des qualités. Nous sommes tous des êtres complexes. Et surtout, nous sommes imparfaits. Nos réactions, nos actions et nos paroles peuvent être biaisées, et nous sommes tous capables de grandes maladresses.

Tu peux avoir honte de ton corps que tu trouves imparfait et tu vas le cacher. Tu peux avoir honte de tes pensées que tu penses infondées et tu vas te taire. Tu peux avoir honte de tes limites et tu ne vas pas dire « stop ». Tu peux avoir honte de tes besoins et ne pas les exprimer. Tu peux avoir honte de tes failles, de tes blessures et vouloir à tout prix t'en libérer.

La honte met en avant une exposition de tes blessures et de tes failles. Tu as l'impression que quelque chose que tu voulais cacher à tout prix est dévoilé aux yeux de tous. Tu as l'impression de ne pas être capable de gérer ces failles et tu ne sais pas comment réagir.

La honte comme alerte t'invite à accepter ton imperfection.

La peur

La peur a pour but de t'alerter sur un danger potentiel. Elle est très importante, et pourtant tu peux avoir l'impression d'être faible en la ressentant.

La peur est liée à notre besoin primitif de survie. Alors que nous sommes issus de millions d'années d'évolution, nous avons toujours peur. C'est normal. Nous avons besoin de la peur pour préserver notre intégrité et nos ressources.

Le centre de la peur est situé dans l'amygdale, dans notre cerveau. Cette glande est une structure neuronale qui est impliquée dans nos apprentissages et dans nos conditionnements. La création des stimuli va être conditionnée par les apprentissages de nos expériences et par les répétitions de schémas que nous vivons. Par exemple, si tu as été mordu par un chien et que cela a été douloureux et traumatisant, l'amygdale a appris que les chiens étaient associés à la douleur. Elle va te conditionner à en avoir peur.

La peur est une alerte indispensable pour respecter tes ressources et limites. Si tu ne ressens pas la peur, tu ne captes pas les dangers. Il y a trois réactions primitives face à la peur :

- Le combat, c'est-à-dire affronter le danger pour le dépasser en mobilisant ses ressources. Le combat est la réaction choisie quand le danger paraît faible.
- La fuite, c'est-à-dire se dérober au danger et prendre ses distances. La fuite est la réaction choisie quand le danger paraît puissant.

- La soumission, c'est-à-dire être figé sans capacité de réaction ou d'opposition. La soumission est la réaction choisie quand le danger paraît insurmontable. Le stress est extrême et la personne est démunie.

Quand elle te conseille, elle te paralyse. Elle te fait croire que tout est dangereux. Elle te fait croire que tu dois rester dans ta zone de confort, car le changement et le renouveau vont te mettre en danger. Elle te fait croire que tu dois te protéger en permanence de tout et de n'importe quoi.

Elle te fait croire que tout est contre toi. Elle t'oblige à créer une carapace autour de toi pour te protéger. Il est très important que tu aies peur. Il est très important que tu équilibres tes réactions émotionnelles face à la peur. Il est important que tu l'écoutes comme alerte. Mais ne te libère pas de la peur. La peur est ton alliée comme alerte. À l'aide des 5 questions, je vais t'aider à créer une nouvelle relation avec la peur.

La tristesse

La tristesse est aussi une émotion négative. De nouveau, le but n'est pas de la libérer mais bien de l'écouter en tant qu'alerte. La tristesse t'aide à prendre conscience que tu es en train de vivre un deuil. Cela peut être le deuil d'une relation, d'une situation ou d'un mécanisme de fonctionnement ou de pensées.

La tristesse t'invite à faire une pause et à te poser une question importante :

« De quoi suis-je en train de faire le deuil ? »

Tout au long de ta vie, tu vis des deuils. Un deuil est un processus par lequel tu acceptes la fin d'une situation ou d'une relation. Le deuil se vit en plusieurs étapes : le choc, le déni, la colère, la tristesse, la résignation, l'acceptation[1].

Il n'y a pas un temps défini pour vivre un deuil. Tu peux vivre ces étapes plusieurs fois. C'est une expérience personnelle que tu vis en fonction de tes ressources et à ton rythme. Les deuils sont nombreux. Certains sont plus compliqués que d'autres. Certains paraissent insurmontables et d'autres se vivent sereinement.

La tristesse t'aide à vivre et à accepter les deuils. Nous vivons dans un monde incontrôlable, impermanent et imprévisible. Nous sommes des êtres avec des énergies en mouvement qui vivons dans un monde en perpétuel mouvement. Avec notre routine, nous essayons de contrôler notre monde extérieur. Avec notre mental, nous essayons de figer les choses. Cela est un leurre. Ce n'est pas parce que tu as vécu la même situation quatre-vingt-dix-neuf fois que cela t'assure de la vivre une centième fois.

Rien n'est acquis. Cette phrase peut faire peur, mais c'est réel. Rien de qui nous sommes, de ce que nous possédons, de ce nous vivons n'est immuable. Ce sont les règles de notre existence terrestre.

1. Si tu souhaites plus de détails sur ces étapes, je te recommande les ouvrages d'Elisabeth Kübler-Ross.

La tristesse en tant qu'alerte t'aide à de nombreuses choses :

- Elle t'aide à ouvrir de nouveaux chapitres de vie.
- Elle t'aide à accepter le mouvement de la vie.
- Elle t'aide à accueillir le changement.
- Elle t'aide à lâcher prise en prenant conscience que la seule chose que tu contrôles, c'est ce que tu nourris en toi.
- Elle t'aide à t'adapter au monde extérieur.
- Elle t'aide à te comprendre et à te découvrir.

Vouloir te libérer de la tristesse sans comprendre son alerte, c'est te fuir. Si tu n'es jamais triste, tu figes tes énergies. Si tu n'es jamais triste, tu t'enfermes dans une zone de confort. Si tu n'es jamais triste, tu te bloques dans des certitudes. Si tu n'es jamais triste, tu te coupes de ton être intérieur et du monde.

Comme chaque émotion, la tristesse dure quelques secondes. Tu as ensuite des réactions émotionnelles, c'est-à-dire que tu vas réagir à cette émotion en fonction de tes habitudes émotionnelles, en fonction de ton état physique, environnemental et des événements qui se sont déroulés.

La P.R.O.P.R.E méthode appliquée aux émotions négatives

Maintenant que nous avons mieux cerné les différentes émotions négatives qui entrent en compte dans nos réactions ou dans nos comportements, posons-nous la première question :

Pourquoi ?

Avec douceur et bienveillance, demande-toi :

« Pourquoi est-ce que je me sens submergé par cette émotion ? »

« Pourquoi est-ce que je n'arrive pas à équilibrer mes réactions émotionnelles face à cette émotion ? »

« Pourquoi est-ce que je cherche à me libérer de cette émotion ? »

« Pourquoi ai-je peur de cette émotion ? »

« Pourquoi est-ce que je cherche à fuir cette émotion ? »

Prends le temps dont tu as besoin pour accueillir tes ressentis et tes réflexions intérieures.

Pour t'aider à répondre à ces questions, voici quelques pistes de réflexion :

- La source karmique.
  Cette émotion peut être ancrée en toi dans les souvenirs de tes vies antérieures. Les expériences qu'elle a

vécues et les émotions négatives qu'elle a pu mettre en place pour se protéger ou se défendre sont gravées en toi. Elles peuvent être si profondément ancrées qu'il t'est difficile d'accueillir et de ressentir de façon équilibrée ce qu'elles sous-tendent. Il ne s'agit pas d'une fatalité, mais ce ne doit pas non plus être une excuse pour fuir le travail sur soi. Cette source, que tu n'es pas obligé d'identifier, doit simplement te permettre de mieux comprendre les alertes de cette émotion et la nature de la relation que tu entretiens avec elle. Tu peux ainsi créer de nouvelles bases d'ancrage équilibrées.

- La mémoire transgénérationnelle.
  Il s'agit d'une mémoire liée au karma familial qui est transmise de génération en génération. Un aïeul a pu vivre un événement déclencheur fort qui a cristallisé cette émotion, transmise génération après génération. Tu n'es pas obligé d'identifier la source de ce déséquilibre, il te faut simplement comprendre que ce karma familial peut perturber tes réactions émotionnelles. Cependant, comprendre qu'il s'agit d'une mémoire transgénérationnelle n'est pas une excuse pour te fuir ou considérer l'émotion que tu ressens comme une fatalité. Cela t'aide à comprendre la nature de la relation que tu entretiens avec cette émotion pour créer un nouvel équilibre.

- La blessure de l'enfance.
  Enfant, tu as pu vivre des expériences où tu as ressenti si intensément cette émotion qu'elle s'est gravée en toi. Cette émotion est devenue une base d'ancrage, elle est à présent ta zone de confort ou ton habitude

lorsqu'un événement similaire à celui vécu se produit. C'est un mécanisme de survie tout à fait commun qui te pousse à écouter cette émotion telle qu'elle s'exprime, à la laisser te conseiller. Toutefois, cette base d'ancrage a des fondations qui ne sont pas équilibrées dans la relation que tu entretiens avec cette émotion.

- Le traumatisme.
  Un choc traumatique est une empreinte psychologique permanente qui fige tes énergies. Tu as pu vivre un ou plusieurs traumatismes dans ta vie qui t'ont marqué profondément. En réaction, tu as pu ressentir une émotion négative qui t'a aidé à faire face, à surmonter ou à occulter ce traumatisme. Et sur cette émotion négative (par exemple la colère), tu as créé des bases d'ancrage dans lesquelles les émotions négatives t'aident à gérer la situation, mais cela te fige. Il est donc important de créer de nouvelles bases avec cette émotion afin de comprendre l'alerte qu'elle porte et comment agir en accord avec toi-même.

- Les schémas de pensées et les fonctionnements négatifs.
  Des réactions émotionnelles déséquilibrées peuvent t'amener à mettre en place des mécanismes de pensées et des fonctionnements négatifs. Elles t'enferment alors dans une zone de confort où tu dépenses ton énergie à survivre à ce que tu as toi-même mis en place en réaction directe à ces émotions (c'est le serpent qui se mord la queue) : autosabotage, relations toxiques, mauvaise estime de soi, etc. Ce n'est pas une fatalité et tu ne fais pas mal les choses. Tu fais juste le maximum avec les moyens que tu as.

- Un deuil non effectué.
  Cela peut se produire à la suite d'un décès ou d'une rupture que tu n'acceptes pas. Tu projettes l'énergie de cette relation ou de ce traumatisme sur ton présent. Tu as des réactions très fortes et déséquilibrées pour prévenir la séparation ou faire face à la perte, car tu avances en étant conseillé par l'énergie de deuil. Tout va être perçu comme une fin.

Posons-nous maintenant la deuxième question :

Quelle est ma part de responsabilité ?

Il est très important que tu te poses cette question avec douceur et bienveillance. Prends le temps dont tu as besoin pour te demander :

« Quelle est ma part de responsabilité dans ma relation avec cette émotion ? »

Pour t'aider à répondre à cette question, voici quelques pistes de réflexion :

- La zone de confort.
  Tu peux craindre le renouveau, le changement et l'inédit. Tu peux rejeter le monde extérieur, car il est imprévisible, impermanent et incontrôlable. Tu peux avoir des difficultés à le comprendre et à y trouver ta place. Ces émotions négatives, si tu les laisses te conseiller, te créeront alors une carapace pour te protéger de ce que tu redoutes. Tu vas rester figé dans des schémas de pensées, des fonctionnements,

des relations qui ne te conviennent plus mais que tu connais. Cela te donne la sensation de ne pas te mettre en danger et de ne pas prendre de risques non maîtrisés. Cela t'isole dans une zone de confort qui ne te permet pas de t'épanouir. Souviens-toi que la seule chose que tu contrôles, c'est ce que tu nourris en toi.

- La fuite de soi.

  Laisser ces émotions négatives te conseiller peut être une forme de fuite de toi-même. En effet, les laisser prendre la main sur tes réactions émotionnelles en cas de situation désagréable ou au quotidien te permet de faire face avec les mécanismes de défense qu'elles représentent, mais tu es alors dans une forme de passivité. Tu n'écoutes pas les alertes qu'elles te transmettent. Elles vont te dire de garder les différentes stratégies d'adaptation et les mécanismes de défense pour maintenir une certaine forme d'équilibre intérieur. Tu as l'impression d'agir alors que tu ne fais que réagir à l'instant T, tu ne changes pas les choses, tu ne changes pas de direction pour respecter tes besoins et tes limites. Ces émotions en tant que conseillères sont un prétexte (très souvent inconscient) pour ne pas te poser des questions importantes et personnelles, te remettre en question. Tu peux ainsi fuir tes blessures et tes failles. Ce n'est pas de la faiblesse ou de la lâcheté, tu fais le maximum avec les moyens que tu as. Quand tu les fuis, tu n'écoutes pas ta partie sombre comme alerte.

- Les moyens que tu as.
  Tu peux vivre des moments où tu n'as pas de ressources pour créer une nouvelle relation avec toi-même. Tu n'as pas de ressources pour retrouver confiance en toi. Tu n'as pas de ressources pour t'affirmer. Si tu n'as pas les ressources pour faire face à certaines blessures, tu as le droit de ne pas les regarder, de les nier. Ce n'est pas de la faiblesse ou de la lâcheté, tu fais le maximum avec les moyens que tu as. Aie conscience qu'écouter ces émotions négatives est rassurant, mais que cet équilibre précaire ne te permet pas d'avancer.

Objection ! ou comment nuancer ?

Avec douceur et bienveillance, demande-toi :

« Comment puis-je nuancer ma relation avec cette émotion ? »

Accueille tes ressentis et tes réflexions avec honnêteté et délicatesse. Pour t'aider à répondre à cette question, voici quelques pistes de réflexion :

- Quand une émotion négative est une base d'ancrage, tu as besoin de temps pour la modifier. Cette émotion est devenue une part de ta personnalité et de ton fonctionnement, tu as donc besoin d'espace pour les modifier. Cela ne se produit pas en un claquement de doigts et, même si tu en as très envie, tu vas avoir besoin de temps pour le faire. Si tu essayes de changer la relation que tu as avec cette émotion trop rapidement, tu peux créer un effondrement intérieur, c'est-à-dire que tu peux avoir l'impression de te connecter au vide et au néant, de perdre tous tes repères. Alors ne change pas ta relation avec tes émotions trop rapidement et va à ton rythme. Tu n'es pas obligé de souffrir pour créer ton bien-être et ta liberté. C'est très important que tu respectes tes propres ressources intérieures et ta sensibilité. C'est très important que tu sois dans une énergie d'amour et de bienveillance.

- L'environnement dans lequel nous évoluons, le monde, la société peuvent être déclencheurs de ces émotions négatives ou des réactions émotionnelles que nous mettons en place pour faire face au quotidien. Qu'il s'agisse d'actualités anxiogènes, de dangers réels qui semblent inéluctables, d'injonctions sociétales allant à l'encontre de l'être que nous sommes (courses au bien-être, au paraître, à la réussite, etc.), notre environnement et notre entourage sollicitent énormément nos énergies et peuvent créer les déséquilibres dans notre relation avec nos émotions. Nous pouvons alors chercher à nous protéger de cet environnement, ou bien à nous y fondre, pour y survivre. Nous pouvons être en hypervigilance. C'est épuisant, et cela ne nous permet pas d'accueillir la gratitude et l'instant présent. Ce n'est pas un outil magique, un mantra magique ou un protocole magique qui vont faire disparaître ces émotions négatives. Tu es un être complexe qui a ses propres ressources et limites. C'est une nouvelle écoute de toi-même qui va t'aider, il est très important de prendre du recul concernant les injonctions et les schémas sociétaux pour créer une nouvelle relation avec ces émotions comme alertes.

- Cependant, nous vivons dans une société individualiste. Chaque personne peut dépasser les limites des autres au profit de son propre bien-être, de ses propres intérêts et de ses propres besoins. Il n'y a que soi qui compte sans penser au bien-être des autres. La dimension du bien-être collectif s'efface au profit du bien-être individuel. Tu peux dépasser les limites des autres pour ton propre bien-être, comme les tiennes peuvent être dépassées par les autres. Nous sommes tous à la recherche de bien-être tout en étant conseillés par une émotion négative. C'est paradoxal, n'est-ce pas ? Il est très important d'avoir conscience de la société dans laquelle nous vivons et de nos interactions avec les autres pour créer une nouvelle relation avec nos émotions. Rappelle-toi que tant que tu respectes tes limites et celles des autres, tu peux tout faire, même si cela ne répond pas aux diktats sociétaux.

- De même que l'environnement, notre entourage peut nous pousser à des réactions émotionnelles déséquilibrées. Qu'il s'agisse de notre entourage direct ou indirect comme les réseaux sociaux, nous sommes constamment soumis à des injonctions à la positivité. On peut appeler cela « la positivité toxique », quand des préceptes de la pensée positive sont appliqués à l'extrême de façon généralisée et simplifiée. Il est très important de prendre conscience que les autres et les réseaux ne reflètent pas la vie, de te recentrer sur toi, sur ton intérieur.

- La spiritualité elle-même peut être source d'émotions négatives, et elle peut créer une grande charge mentale. Mal appréhendée, elle peut te donner des injonctions qui s'accumulent les unes après les autres : tu te sens coupable si tu ne médites pas pendant la pleine lune, si tu ne purifies pas tes cristaux à la même période, si tu n'es pas « *namaste* gratitude » toute la journée, si tu n'équilibres pas tes chakras, etc. La spiritualité peut créer de grandes tensions intérieures. De nouveau, il est très important que tu prennes du recul concernant les préceptes spirituels. Rappelle-toi que la spiritualité propose, elle ne t'impose rien. Si un rituel ou une pratique n'a pas de sens ou de bienfait pour toi, alors ne le fais pas. Tu as ta propre sensibilité et tu as ton propre rythme d'avancée. C'est ça que tu mets en avant et non un protocole que tu ne comprends pas.

- Tu fais le maximum avec les moyens que tu as. C'est très important que tu en aies conscience. Parfois une émotion négative peut te guider. Tu n'arrives pas à canaliser tes réactions émotionnelles. Tu n'arrives pas à savoir quelle limite est dépassée. Tu n'arrives pas à faire une pause. C'est normal. Ce n'est pas grave. Tu fais le maximum avec les moyens que tu as et, par moments, tu n'as pas les ressources nécessaires pour créer une relation équilibrée avec cette émotion. Il est très important de respecter ton propre rythme et tes propres ressources, sans t'accabler de reproches et sans créer un personnage qui n'est pas toi. L'objectif n'est pas de te blesser, ni d'avancer en dépassant tes limites intérieures. L'objectif est que tu prennes soin de toi, et tu fais comme tu peux.

Les enseignements et les actions

À partir d'ici, je vais détailler les enseignements et les actions à mettre en place pour chacune des émotions négatives de façon distincte.

Colère, page 75; culpabilité, page 81; jalousie, page 87; honte, page 92; peur, page 98; tristesse, page 105.

PÉDAGOGIE

Quels sont les enseignements de la colère ?

Prends le temps de te poser cette question importante :

« Qu'est-ce que ma relation avec la colère m'apprend ? »

Accueille tes réflexions et tes ressentis avec douceur et bienveillance.

Pour t'aider à répondre à cette question, voici quelques pistes de réflexion :

- La colère est une alerte importante. C'est une émotion négative mais avec une alerte positive. La colère est ton alliée. Ce n'est pas une émotion qui est là pour te brutaliser ou pour t'empêcher d'avancer, bien au contraire. C'est un moteur intérieur qui t'aide à comprendre, à construire et à respecter tes limites intérieures. Si tu te libères de la colère ou si tu la fuis, tu ne sais plus quelles sont tes limites. Tu n'agis plus pour les respecter. Tu laisses alors l'extérieur empiéter sur ton espace intérieur et intime. Ton ego est déséquilibré quand tu n'écoutes pas la colère en tant qu'alerte. Pour t'affirmer, pour respecter tes besoins et tes ressources, tu as besoin de la colère.

- Tu n'es pas en colère par hasard. La colère en tant que conseillère peut être une base d'ancrage quand tu as grandi en étant en colère. Quand on a dépassé sans cesse tes limites, enfant, tu as créé une relation avec la colère comme conseillère. C'était un mécanisme de défense. Cette relation a pu devenir une base de ta personnalité. Ce mécanisme de défense est devenu une structure intérieure. Tu peux avoir l'impression d'être « colérique » et « irritable ». Cette relation avec la colère en tant que conseillère peut être en lien avec un karma personnel ou familial. Tu as pris l'habitude de réagir en écoutant la colère comme conseillère. Tu as pris l'habitude de ressentir tes limites comme étant dépassées, même si ce n'est pas le cas. Tu as pris l'habitude de te protéger sans cesse de l'extérieur par la colère. Dire que tu es colérique ou que tu es submergé par la colère n'est pas constructif. Si la colère te guide en permanence, ce n'est pas par hasard. Cela met en avant une base d'ancrage. Le but n'est pas de se cacher derrière. Le but est de te découvrir, de te comprendre et de créer ta propre liberté. Quand tu sais comment tu as créé la relation avec la colère comme guide, tu te donnes la possibilité de modifier cette relation.

- Tu peux reprocher aux autres de dépasser sans cesse tes limites. Tu peux avoir l'impression qu'ils ne comprennent pas et ne respectent pas tes attentes et tes besoins. Tu peux avoir l'impression que les autres sont toxiques, et tu peux les juger et les catégoriser. Mais si tu n'écoutes pas ta colère comme alerte, tu ne dis pas « stop », tu ne dis pas « non », tu ne dis pas « cela ne me convient pas ». Tant que la porte est ouverte, les autres entrent. Il est important de se poser la question de ce que tu dis et de ce que tu montres aux autres avant de leur reprocher de nombreuses choses. Il est très important d'écouter ta colère au lieu de la refouler ou de la fuir. Il est important de prendre conscience que nos relations sont complexes et il est important de comprendre l'autre avant de le cataloguer d'une certaine façon. Il est important de se comprendre soi pour comprendre les autres. Tout est lié.

- La colère n'est pas à fuir. C'est une émotion saine. C'est une émotion positive en tant qu'alerte. Alors, certes, quand elle est présente, tu peux ressentir de grandes tensions intérieures. Les ressentis ne sont pas forcément agréables, qu'ils soient physiques ou psychiques. La colère peut être accompagnée de l'injustice, et cela peut être pénible à vivre. Cependant, son alerte est saine. Son alerte est importante. Son alerte est indispensable. Ce n'est pas parce que tu es en colère que tu n'es pas spirituel. Ce n'est pas parce que tu es en colère que tu dois à tout prix prendre une pierre pour l'éloigner ou effectuer un protocole pour t'en libérer. Tu as besoin de la colère. Être spirituel, c'est s'écouter, se découvrir et se remettre en question avec justesse et bienveillance. Alors, quand la colère arrive, ressens-la, écoute-la et accueille-la. La colère est ton alliée. Elle n'est pas contre toi. C'est ton moteur intérieur.

Posons-nous maintenant la dernière question :

RÉSOLUTIONS

Quelles actions puis-je mettre en place ?

Maintenant que tu as eu ces prises de conscience, demande-toi :

« Que puis-je faire pour créer une nouvelle relation avec la colère ? »

Pour t'aider à répondre à cette question, voici quelques pistes de réflexion :

- La première action à faire pour créer une nouvelle relation avec la colère en tant qu'alerte, c'est de l'accepter et de l'écouter. Quand elle est présente, prends un temps pour la ressentir sans prendre de décision. Tu peux hurler, faire du sport, appeler une personne de confiance, ruminer, écrire, marcher, etc. Le but est d'accueillir la colère sans créer des dommages collatéraux pour les autres. Tu n'appelles pas une personne chère à ton cœur qui t'a mis en colère. Du moins quand la colère est ressentie de façon intense. Tu vas dire des choses que tu ne penses pas, tu vas blesser l'autre personne et tu vas le regretter ensuite. Tu ne prends pas de décision sur les conseils de la colère. Tu n'agis pas quand la colère est là. Juste, tu la ressens. Le temps dont tu vas avoir besoin est variable. Cela peut être quelques secondes, minutes, heures, voire plusieurs jours, semaines ou mois. Accueillir la colère est très important. C'est le premier pas vers l'écoute et la découverte de toi. C'est la prise en compte de tes attentes et de tes besoins.

- La deuxième action est de te poser cette question : « Quelle limite est dépassée ? » C'est l'alerte de ta colère. Si elle est là, c'est qu'une de tes limites est dépassée. Si la colère est devenue ta base d'ancrage et que tout te met en colère, demande-toi si tu ne projettes pas des blessures et des blocages antérieurs sur le monde extérieur qui t'entoure. Évidemment, cela se nuance avec ce qu'il se passe dans ta vie. Car tu as des raisons d'être en colère contre notre monde extérieur. Mais parfois, tu peux projeter inconsciemment sur l'extérieur des blessures antérieures que tu ne souhaites pas regarder en face. Pour répondre à cette question, tu peux méditer, écrire, appeler une personne de confiance. Tu peux aussi utiliser un outil spirituel comme un oracle, un pendule, des runes, etc. Le temps dont tu vas avoir besoin pour répondre à cette question est aussi variable. Prends le temps dont tu as besoin. Ce n'est pas une course. Tu avances à ton rythme selon tes propres ressources intérieures.

- La troisième action est d'agir pour rétablir et respecter tes limites intérieures. Tu peux dire « non » à une situation, à une relation ou à une proposition qui dépasse tes limites. Tu peux parler à la personne concernée en expliquant comment et pourquoi ta limite a été dépassée. Tu peux changer tes habitudes de vie qui dépassent tes limites. Tu peux modifier ou arrêter des fonctionnements ou des schémas de pensées qui dépassent tes limites. Tu peux arrêter ou modifier des situations et des relations qui dépassent tes limites. Ose agir. Cela va t'aider à créer un vrai bien-être intérieur et extérieur.

- Tu peux demander de l'aide si tu n'arrives pas à créer une nouvelle relation avec la colère en tant qu'alerte seule. Tu peux demander l'aide d'une personne de confiance ou expérimentée. Cette aide peut être précieuse, surtout si la colère en tant que guide est une base d'ancrage et/ou de ta personnalité. Cela va t'aider à travailler sur tes blocages pour accueillir la colère d'une nouvelle façon.

- Tu peux travailler sur ton chakra sacré. Ton chakra sacré est situé en dessous de ton nombril. C'est le chakra qui t'aide à écouter tes émotions de façon équilibrée. Tu peux travailler sur ton chakra sacré par la méditation, avec des pierres rattachées à ce chakra, avec la lettre du pardon (tu trouveras l'exercice de la lettre du pardon dans *Le Guide du Lightworker*).

PÉDAGOGIE

Quels sont les enseignements de la culpabilité ?

Avec douceur et bienveillance, demande-toi :

« Quels sont les enseignements de ma relation avec la culpabilité ? »

Accueille tes ressentis et tes réflexions avec honnêteté et justesse.

Pour t'aider à répondre à cette question, voici quelques pistes de réflexion :

- La culpabilité est une alerte importante. Elle t'aide à prendre conscience de ton empreinte auprès des autres. Tu as besoin de l'équilibrer et non de la libérer. Si tu t'en libères, tu ne prends pas conscience de l'impact de tes actions, de tes besoins et de tes réactions sur les autres. Tu peux dépasser les limites des autres en permanence sans t'en rendre compte. Tu as besoin de la culpabilité comme alerte pour interagir avec les autres sainement. Nous sommes des êtres interactionnels. Même si le bonheur, l'amour et le bien-être sont des constructions personnelles, nous avons besoin de partager avec les autres. Nous pouvons créer des schémas relationnels toxiques quand nos réactions émotionnelles ne sont pas équilibrées. Si tu refuses d'écouter la culpabilité ou si tu la laisses te conseiller, tu vas créer des schémas relationnels toxiques. Tu peux toi-même être en contact avec des personnes qui créent ces mêmes schémas. Cela est douloureux. Cela est épuisant. Cela peut même être destructeur. Écouter la culpabilité comme une alerte est très important pour tout le monde.

- La culpabilité comme alerte t'aide à te remettre en question. Elle t'aide à mettre en place un travail intérieur. Nos relations avec les autres sont faites de partage et d'amour, mais les autres sont aussi le miroir de nos failles et de nos blessures. Je parle de l'effet miroir dans *Le Guide du Lightworker*. Quand tu refuses ta partie sombre ou quand tu la laisses te conseiller, tu peux avoir des réactions négatives et tu peux dépasser les limites des autres. Prendre conscience de ton empreinte énergétique sur les autres par la culpabilité comme alerte t'aide à écouter tes blocages de façon positive. Cela t'aide à regarder ta partie sombre, cela t'aide à comprendre ton fonctionnement. Cela t'aide à comprendre comment tu partages avec les autres et ce que tu cherches dans tes relations. C'est très instructif pour créer une nouvelle relation avec toi-même. C'est un point de départ pour te découvrir et pour te sentir libre.

- La culpabilité comme alerte invite à agir. Elle invite à réparer. Quand tu écoutes la culpabilité comme alerte, tu développes ton empathie et tu agis pour créer une nouvelle empreinte énergétique extérieure. Tu n'es pas passif. Tu n'es pas dans l'attente. Tu es dans l'action. Quand la culpabilité te conseille, tu peux toujours agir pour réparer des erreurs non commises. C'est pour cela qu'il est très important d'équilibrer tes réactions émotionnelles. Quand la culpabilité est une alerte, tu peux aussi demander réparation auprès des autres. Tu peux dire que tu te sens blessé, tu peux dire que cela dépasse tes limites, tu peux dire « non ». La culpabilité comme alerte t'aide à créer de nouveaux schémas relationnels avec les autres. Cela t'aide à créer un partage sain. Cela t'aide à créer des bases relationnelles qui respectent les limites de chacun.

- Si tu laisses la culpabilité te conseiller, tu laisses les autres te manipuler. La manipulation émotionnelle est l'influence d'autrui dans l'intention d'avoir du pouvoir, du contrôle, des actions et des avantages de toi. Quand la culpabilité te conseille, tu as l'impression de toujours mal faire. Les autres peuvent s'en servir pour te manipuler pour leur profit. Cela peut créer des schémas relationnels toxiques. Quand tu cherches à fuir ou à te libérer de ta culpabilité, tu peux devenir la personne manipulatrice. Tu n'as plus conscience de ton empreinte énergétique sur les autres et tu dépasses leurs limites. La culpabilité et la manipulation sont fortement liées. Plus tu crées une relation avec la culpabilité comme alerte, et moins tu es sensible aux différentes techniques de manipulation.
- La culpabilité est une émotion, elle ne dure que quelques secondes. Tu as ensuite des réactions émotionnelles. Ces réactions émotionnelles sont différentes en fonction de la relation que tu as avec la culpabilité, en fonction de tes habitudes émotionnelles, en fonction de ton état physique, énergétique et psychique. Ta relation avec la culpabilité n'est

pas linéaire. Son intensité varie. Ne cherche pas à créer une relation avec la culpabilité qui ne changera jamais. Ce n'est pas possible. Plus tu vas comprendre l'alerte positive de la culpabilité, et plus tu vas l'accueillir avec douceur et bienveillance. Cependant, tu pourras vivre des moments où la culpabilité te paralysera et d'autres où tu sauras comprendre facilement ce qu'il se passe. Tu n'es pas un robot. Tu es un être humain. Tu danses sous la pluie. Tu fais le maximum avec les moyens que tu as.

Posons-nous maintenant la dernière question :

RÉSOLUTIONS
Quelles actions puis-je mettre en place ?

Avec douceur et bienveillance, demande-toi :

« Quelles actions puis-je mettre en place pour créer une nouvelle relation avec la culpabilité ? »

Accueille tes ressentis et tes réflexions avec honnêteté et justesse.

Pour t'aider à répondre à cette question, voici quelques pistes de réflexion :

- Ressens la culpabilité. Accueille-la. Tu peux avoir besoin de t'isoler, tu peux parler à une personne de confiance, tu peux avoir besoin de revivre ce qu'il s'est passé mentalement, tu peux marcher, faire du sport, regarder une vidéo, écouter un podcast, etc. Prends le temps d'accueillir la culpabilité. Tu ne prends pas de décision quand sa présence est intense. Juste, accueille-la.

- Demande-toi : « Pourquoi je me sens coupable ? » « Qu'est-ce qu'il s'est passé et pourquoi cela n'est pas en accord avec mes intentions ? » Tu peux méditer, écrire, échanger avec une personne de confiance. Écoute tes ressentis et tes réflexions intérieures. Accueille et visualise les conséquences de tes actes. Accueille tes ressentis sous toutes leurs formes, qu'ils soient physiques, émotionnels, intuitifs, énergétiques et psychiques.

- Demande-toi ce que tu peux faire pour réparer. Engage-toi à ce que tes actions soient en accord avec tes besoins et tes limites. Tu es un être imparfait. Des erreurs, des boulettes, des maladresses, des faux pas, tu en feras encore d'autres. Comme chacun d'entre nous. Tu n'as pas besoin de dépasser tes propres limites pour réparer ce qui a été fait. Tu n'as pas besoin de laisser la culpabilité te conseiller pour réparer ce qui a été fait. Tu n'as pas besoin d'utiliser la totalité de tes ressources pour réparer ce qui a été fait. Le but est d'agir avec justesse et honnêteté. Quand tu as déterminé les actions à mettre en place, engage-toi à les réaliser. Tu peux présenter tes excuses (petit conseil : on ne s'excuse pas soi-même, on présente ses excuses), tu peux reconnaître tes torts (quand ils sont justifiés), tu peux être honnête et expliquer pourquoi tu as fait cela sans chercher d'excuses, tu peux agir concrètement auprès de la personne ou de la situation pour laquelle tu te sens coupable.

- Tu peux pardonner. Que ce soit à toi-même ou à d'autres personnes. Je parle aussi du pardon dans *Le Guide du Lightworker*. Le pardon est un processus personnel. Tu ne pardonnes pas pour les autres. Tu pardonnes pour toi. Quand tu pardonnes, tu te détaches des liens toxiques que tu as avec une situation ou une relation. Il n'y a pas d'obligation à pardonner. C'est un processus que tu vis en fonction de tes ressources et de ton propre rythme. Pardonner peut t'aider à créer une nouvelle relation avec la culpabilité en tant qu'alerte. Cela t'aide à ne plus laisser ta partie sombre te conseiller. Cela t'aide à équilibrer tes réactions émotionnelles.

- Tu peux demander de l'aide, surtout si la culpabilité comme conseillère est une base d'ancrage. Je ne crois pas en les rituels magiques, mais je crois en toi, en ta magie intérieure. Au-delà de cette magie, si la culpabilité comme conseillère est ta base d'ancrage, tu peux te sentir incapable de créer une nouvelle relation avec elle seule. Et c'est normal. Demande de l'aide. Que ce soit à une personne de confiance ou expérimentée. Demande du soutien. Demande des conseils. Ne demande pas qu'on t'en libère. Tu as besoin de la culpabilité comme alerte. Équilibre ta relation avec elle. Elle va t'aider à être emphatique sans dépasser tes limites et celles des autres.

PÉDAGOGIE

Quels sont les enseignements de la jalousie ?

Avec douceur et bienveillance, demande-toi :

« Quels sont les enseignements de ma relation avec la jalousie ? »

Accueille tes réflexions et tes ressentis avec honnêteté et justesse.

Pour t'aider à répondre à cette question, voici quelques pistes de réflexion :

- La jalousie est une alerte positive. Elle t'aide à comprendre si tes actions sont en accord avec tes besoins. Elle t'aide à comprendre si tu manques de quelque chose. Elle t'aide à adapter ton avancée en fonction de tes besoins et de tes limites. Te libérer de la jalousie, c'est fuir tes besoins. Écouter la jalousie comme conseillère, c'est créer une grande insécurité intérieure. Tu te vois au travers de l'autre et tu t'éloignes de ton propre bien-être. La jalousie comme alerte t'aide à te connaître et à te comprendre. Elle t'aide à créer des bases relationnelles saines pour partager avec les autres de façon positive.
- Au lieu de considérer systématiquement les autres comme jaloux, il est très important de prendre conscience de ta propre jalousie. Cela n'est pas forcément agréable pour l'estime de soi sur le moment. Tu préfères te dire que tu n'es qu'amour et lumière, et que les autres ont encore beaucoup de choses

à travailler sur eux. C'est humain. Cependant, reconnaître ta propre jalousie t'aide à prendre en considération tes besoins et tes limites. Cela t'aide aussi à comprendre ce que tu transfères sur les autres. Cela t'aide à comprendre ce dont tu as réellement besoin et envie. Nous vivons tous des moments de jalousie. Avec une intensité et une récurrence différentes, nous sommes et nous serons tous jaloux à un moment donné. La personne qui le nie se ment à elle-même. La jalousie est une émotion normale et positive en tant qu'alerte. Si actuellement tu as l'impression que tout le monde est jaloux de toi, demande-toi ce que tu vois chez les autres que tu ne veux pas voir chez toi. Si actuellement tu penses que tout est facile pour les autres et compliqué pour toi, demande-toi ce dont tu as besoin et ce que tu peux faire pour créer ton propre bien-être. Si tu penses que quelqu'un a ou vit ce que tu mérites d'avoir ou de vivre, demande-toi ce que tu peux faire pour l'obtenir par toi-même.

- Ton bien-être t'appartient. C'est une création personnelle. Ce n'est pas parce que ton amie est heureuse depuis qu'elle a rencontré quelqu'un que tu dois la jalouser et enchaîner les rancards. Ce n'est pas parce qu'un proche réussit dans son autoentreprise que tu dois le jalouser, démissionner de ton poste et créer ta propre structure sans faire d'études de marché. Ce n'est pas parce que tu vois une personne heureuse que tu dois la jalouser et imiter exactement tout ce qu'elle fait pour créer ton propre bonheur. Ton bien-être est personnel, et tu n'es pas obligé de le montrer aux autres. Tu n'es pas obligé de le comparer aux autres. Tu n'es pas obligé de prouver qu'il est réel. C'est une construction personnelle. « Vivons heureux, vivons cachés. » C'est un adage qui a du sens. Partage ce que tu souhaites et crée ton bonheur personnel. Ne partage pas ce que tu fais ou qui tu es pour prouver quelque chose. Ne partage pas ce que tu fais ou qui tu es pour rendre jaloux les autres. Ne partage pas ce que tu fais ou qui tu es pour t'autoriser à être heureux. Ton bien-être est une construction personnelle.

- La jalousie peut être présente dans tous les domaines de ta vie. Elle peut être présente dans ta vie personnelle, amicale, familiale et professionnelle. Elle peut être présente dans un seul domaine comme elle peut être présente partout. Elle peut être présente de façon permanente comme elle peut être temporaire. Tu peux ressentir la jalousie de façon épisodique comme de façon cyclique. Cela dépend de nombreuses choses : de tes habitudes réactionnelles, des événements que tu vis, de ton état physique et psychique, de ton environnement extérieur. Tu peux par moments ressentir la jalousie comme alerte et, dans d'autres, elle va te conseiller. Ta relation avec la jalousie n'est pas linéaire. Tu es un être complexe qui danse sous la pluie.

Posons-nous maintenant la dernière question :

RÉSOLUTIONS

Quelles actions puis-je mettre en place ?

Avec douceur et bienveillance, demande-toi :

« Quelles actions puis-je mettre en place pour créer une nouvelle relation avec la jalousie ? »

Accueille tes ressentis et tes réflexions avec justesse et honnêteté.

Pour t'aider à répondre à cette question, voici quelques pistes de réflexion :

- Ressens la jalousie. Je sais que ce n'est pas agréable d'admettre sa propre jalousie. Pourtant, cela est très important. Accueille tes ressentis. Tu peux écrire, pleurer, marcher, parler à une personne de confiance, faire du sport, regarder une vidéo, etc. Accueille la jalousie. Tu ne prends pas de décision quand elle est présente. Juste, tu la ressens.
- Demande-toi : « Qu'est-ce que je vois chez l'autre que je pense mériter ? » De nouveau accueille tes pensées, tes réflexions et tes ressentis. Tu peux méditer, marcher, parler à une personne de confiance, faire du sport ou une autre activité qui t'aide à écouter tes pensées. Sois honnête.
- Demande-toi quelles actions tu peux mettre en place pour avoir, être et vivre ce dont tu as besoin. Tu

jalouses une personne qui crée quelque chose, écoute tes ressentis et crée ton propre projet. Tu jalouses une personne sûre d'elle, demande-toi pourquoi tu n'as pas confiance en toi et agis pour créer une nouvelle relation avec toi-même. Tu jalouses la vie sentimentale des autres, demande-toi pourquoi et comment tu peux créer des relations positives et saines pour toi. Décris les actions à faire et engage-toi à les réaliser. Cela va t'aider à te concentrer sur toi et sur la création de ton bien-être.

- Prends du temps pour toi. Moins tu écoutes tes besoins et tes limites, et plus tu es dans l'économie cognitive. Quand tu es dans l'économie cognitive, tu agis et réagis en jugeant, en catégorisant et en faisant des raccourcis. Tu n'arrives pas à lâcher prise et à prendre du recul. Tu n'arrives pas à nuancer la complexité de la vie et de ton être. Tu peux être dans la fuite ou dans la course. Tu n'as pas le temps et l'espace pour te questionner, prendre soin de toi et te connaître. Prends du temps pour toi. Chaque jour, consacre plusieurs minutes à ton bien-être. Fais quelque chose rien que pour toi. Si tu veux méditer, fais-le juste pour ton bien-être. Ne le fais pas pour obtenir quelque chose de précis. Si tu lis, fais-le juste pour ton bien-être. Ne le fais pas pour apprendre quelque chose de précis. Si as besoin de dormir, dors. Si tu as besoin de ne rien faire, ne fais rien. Prends du temps pour toi. Cela va t'aider à te découvrir, à te connaître et à équilibrer tes réactions émotionnelles.

- Ancre-toi. Je parle en détail de l'ancrage dans *Le Guide du Lightworker*. Concentre-toi sur ton chakra racine. Tu peux le faire en méditant en pleine conscience, tu peux travailler avec des pierres associées, tu peux effectuer des activités manuelles en pleine conscience. Cela va t'aider à être dans une énergie d'action, de réalisation et de concrétisation de tes besoins et de tes attentes.

PÉDAGOGIE

Quels sont les enseignements de la honte ?

Avec douceur et bienveillance, demande-toi :

« Quels sont les enseignements de *ma relation avec la honte* ? »

Accueille tes ressentis et tes réflexions avec honnêteté et justesse.

Pour t'aider à répondre à cette question, voici quelques pistes de réflexion :

- La honte est une émotion naturelle qui a une alerte positive. Ce n'est pas possible, ni sain de s'en libérer. Si tu te libères de la honte, tu ne vas plus comprendre tes besoins et tes limites. Tu ne pourras pas regarder, accueillir tes failles et blessures. Tu ne pourras pas comprendre comment tu t'exposes à l'extérieur. La honte peut être très désagréable à ressentir, mais elle n'est pas contre toi. Elle ne souhaite pas te blesser gratuitement. Elle est là pour t'alerter pour que tu puisses faire une pause et te questionner. Elle t'aide à créer ta propre liberté d'être et de faire.

- La honte est très souvent vécue en conscience. Très souvent, tu sais ce que tu souhaites cacher aux autres. Tu sais ce qui te dérange. Tu sais ce que tu ne veux pas montrer de toi à l'extérieur. Tu peux l'oublier si tu as créé un personnage pour la fuir, si tu t'es enfermé dans l'ambition pour ne pas l'écouter. Mais très souvent, tu sais de quoi tu as honte. Évidemment, cela est à nuancer si la source de la honte est karmique. Prends conscience de ce mantra : « L'autre a le pouvoir que je lui donne. » Nuance aussi ce mantra. Tu es un être complexe qui vit dans un monde complexe et qui interagit avec des êtres complexes. Plus tu vas décréter que les autres sont parfaits, et plus tu vas avoir honte de qui tu es. Les réseaux sociaux n'aident pas non plus. Prends conscience que de nombreuses personnes t'exposent le personnage qu'elles ont créé pour fuir la honte de leurs failles plutôt que de montrer qui elles sont vraiment. Détache-toi des jugements potentiels ou réels des autres.

- La honte est une émotion personnelle. Une émotion dure quelques secondes. Tu réagis à sa présence en fonction de tes habitudes réactionnelles, de ce que tu vis, de ton environnement extérieur, de ton état physique, psychique et énergétique. Tu n'as pas la même relation avec la honte qu'une autre personne. Par exemple, on te propose un protocole de libération de la honte. Cela semble très intéressant, mais tu as besoin de la honte comme alerte. T'en libérer n'est donc pas forcément le conseil approprié. Et si tu as créé en base d'ancrage une relation avec la honte comme conseillère, ce n'est pas un protocole qui va t'aider. Tu vas avoir besoin de temps, d'espace et peut-être même d'aide pour transformer cette relation. Si tu le fais trop brutalement, tu peux créer un effondrement intérieur. Tu vas te sentir vide, tu vas être effrayé et tu vas te figer. Tu peux travailler sur toi, tu peux te découvrir, tu peux créer ton bonheur et ton bien-être sans te mettre en danger, sans vivre de grands tourments, sans souffrir. Les autres peuvent faire preuve d'empathie, ils peuvent te donner des conseils, ils peuvent te soutenir, mais ils ne peuvent pas savoir exactement comment tu ressens la honte. C'est présomptueux et mensonger. Tes réactions émotionnelles sont les tiennes. Elles sont uniques et complexes.

- Pour créer une nouvelle relation avec la honte, tu as besoin de faire preuve d'indulgence avec toi-même et avec les autres. Plus tu vas refuser ton imperfection, et plus tu vas avoir des difficultés à créer une relation avec la honte comme alerte. Nous sommes tous imparfaits. Nous avons tous des réactions, des actions, des réflexions, des pensées et des schémas relationnels imparfaits. C'est humain. En s'incarnant, notre âme a décidé d'expérimenter l'imperfection. Cela fait partie intégralement de notre condition humaine. La personne parfaite n'existe pas sur Terre. Sois indulgent avec toi et avec les autres. Prends du recul concernant tes actions, tes réactions et ton être intérieur. Accorde-toi le pardon et pardonne aux autres quand tu es prêt à le faire. Abandonne ta recherche de perfection. Ce n'est pas ici sur Terre que tu vas la trouver. Accueille ton imperfection et prends conscience que tu fais le maximum avec les moyens que tu as.

Posons-nous maintenant la dernière question :

RÉSOLUTIONS

Quelles actions puis-je mettre en place ?

Avec douceur et bienveillance, demande-toi :

> **« Quelles actions puis-je mettre en place pour créer une nouvelle relation avec la honte ? »**

Accueille tes réflexions et tes ressentis avec justesse et honnêteté.

Pour t'aider à répondre à cette question, voici quelques pistes de réflexion :

- Accueille la honte. Je sais que cela n'est pas agréable du tout. Personnellement, quand je ressens la honte, j'en parle tout de suite à quelqu'un de confiance. Cela m'aide à ne pas ressasser et à ne pas m'enfermer dans des pensées bloquantes et négatives. Tu peux écrire, méditer, marcher, faire du sport, etc. Accueille cette émotion. Tu ne prends pas de décision quand elle est présente. Juste, tu la ressens. Cela va t'aider à t'écouter, à te comprendre et à créer ta propre liberté d'être et de faire.

- Demande-toi : « Quelle faille a été exposée à l'extérieur et pourquoi je ne l'accepte pas ? » Prends le temps d'accueillir tes réponses intérieures. De nouveau, tu peux en parler avec une personne de confiance ou expérimentée. Tu peux aussi écrire, méditer, utiliser un outil spirituel comme un oracle qui va t'aider à avoir des pistes de réflexion.

- Demande-toi quelles actions tu peux mettre en place pour retrouver un équilibre intérieur. Ces actions respectent tes ressources et tes limites. Au tout début, quand je me suis exposée sans filtre et sans maquillage, j'avais souvent des commentaires qui me disaient : « Tu as l'air fatigué, repose-toi. » « Je sens que tu ne vas pas bien en ce moment. » « Tu as l'air stressé. » Je n'étais et ne suis rien de tout cela, j'exposais le visage d'une femme de 36 ans, maman solo sans aucun artifice ni retouche. Au tout début, je me justifiais. J'expliquais que j'allais bien, je rassurais les personnes. Et puis j'ai arrêté de le faire. Je me suis rendu compte que ces messages étaient des projections, et j'ai décidé que cela ne me concernait pas. J'ai décidé de ne plus me focaliser sur les projections extérieures et sur les critiques gratuites. La justification à outrance n'est pas forcément une action bénéfique pour créer une relation avec la honte comme alerte. Également, j'ai eu des commentaires (très épisodiques et j'en profite pour remercier la bienveillance et la résonance des personnes qui aiment mon travail) comme : « Elle ne fait ça que pour l'argent. » « Cet ouvrage n'est que du marketing. » « C'est un gourou. » De nouveau, je me justifiais. J'expliquais mon travail, ma passion, que j'adorais créer, etc. Et puis j'ai arrêté. Ces critiques ne sont pas constructives, et en me justifiant je ne me rendais pas service. Mets en place des actions qui t'aident à retrouver ton équilibre intérieur et non des actions pour prouver aux autres que tu es une bonne personne. Ça n'existe pas, les bonnes personnes. Il n'y a que des personnes qui font le maximum avec les moyens qu'elles ont.

- Tu peux travailler sur ton chakra sacré. Tu peux écouter des méditations guidées basées sur le chakra sacré, tu peux travailler avec des pierres associées à ce chakra, tu peux travailler sur le pardon.

- Tu peux demander de l'aide à une personne expérimentée, surtout si la honte comme conseillère est ta base d'ancrage. Tu peux suivre une psychothérapie. Tu peux mettre en place un travail énergétique. Tu peux faire les deux en même temps. Demande de l'aide si tu en ressens le besoin. C'est très important de recevoir des conseils, du soutien et d'avoir des outils en fonction de ta propre sensibilité.

- Tu peux tenir un journal de gratitudes. Chaque soir, tu peux te remercier pour des expériences que tu as vécues, des choses que tu as réalisées, que tu as ressenties, etc. Ne remercie pas l'extérieur. Remercie-toi pour la belle personne que tu es et pour ce que tu fais pour toi. Cela va t'aider à prendre conscience de ta beauté, de ton imperfection avec indulgence, de tes ressources et de tes limites.

PÉDAGOGIE

Quels sont les enseignements de la peur ?

Avec douceur et bienveillance, demande-toi :

« Quels sont les enseignements de ma relation avec la peur ? »

Accueille tes ressentis et réflexions avec justesse et honnêteté.

Pour t'aider à répondre à cette question, voici quelques pistes de réflexion :

- La peur est une alerte importante. Elle te signale un danger potentiel. Elle t'aide à t'adapter au monde extérieur. Elle t'aide à lâcher prise. Elle t'aide aussi à comprendre comment tu sens. Si actuellement tout te fait peur, tu peux te questionner sur l'équilibre de tes chakras, sur ton écoute émotionnelle, sur ce que tu es en train de vivre. La peur en tant qu'alerte t'aide à travailler sur toi. Elle t'aide à comprendre comment tu avances, comment tu gères les événements extérieurs, comment tu vis les événements imprévus. La peur en tant qu'alerte t'aide à créer un équilibre avec le monde extérieur, à adapter tes actions et ton avancée. Elle t'aide à rebrousser chemin si tu en ressens le besoin, elle t'aide à modifier tes actions, elle t'aide à faire une pause, elle t'aide à te poser des questions. La peur en tant qu'alerte est ton alliée. Elle n'est pas là pour te blesser. Elle n'est pas là pour te ralentir. Elle est là pour que tu puisses faire une pause, te poser des questions importantes et ajuster tes actions. La peur en tant qu'alerte t'aide à avancer tout en préservant ton intégrité, tout en respectant tes ressources et tes limites. Même si les ressentis sont désagréables, tu as besoin de la peur en tant qu'alerte.

- La peur est une émotion, elle ne dure que quelques secondes. Tu as ensuite une réaction émotionnelle, c'est-à-dire que tu réagis à son contact en fonction de ce que tu vis, de tes habitudes réactionnelles, de ta santé physique et psychique. Ces réactions émotionnelles sont conscientes, mais d'autres non. La peur active ton système nerveux. Le système nerveux est un réseau de nerfs qui permet la circulation des informations entre ton cerveau, ta moelle épinière et les différentes parties de ton corps. Tu as deux grands systèmes nerveux : le sympathique et le parasympathique. Le système parasympathique ralentit le rythme de ton corps pour apporter détente et calme. Le système nerveux sympathique accélère le rythme de ton corps pour agir rapidement. Quand tu réagis à la peur, c'est ton système nerveux sympathique qui est activé. Ton rythme cardiaque s'accélère, ta respiration aussi et tes muscles se contractent. Tu as besoin de temps pour canaliser tes réactions émotionnelles et corporelles. Tu as besoin de te connaître pour comprendre les signaux de ton corps. Par moments, tu peux être envahi par la peur sans possibilité de prendre du recul, car tout ton corps est en réaction. Tes réactions émotionnelles face à la peur sont automatiques et inconscientes. C'est un travail de chaque jour d'écouter la peur en tant qu'alerte.

- La peur est une émotion personnelle. Est-ce que quand on te dit « n'aie pas peur » ou « la peur n'évite pas le danger », tu te sens mieux ? Pas forcément. Tu as tes propres ressentis et tes propres réactions émotionnelles. Tu peux écouter des conseils, tu peux créer des rituels qui t'aident à canaliser tes réactions, mais tu ne peux pas décider qu'elles partent juste en disant « je n'ai pas peur ». Les autres n'ont pas le droit de te dire que ta peur est justifiée ou non. Ils ne peuvent pas non plus libérer ta peur. D'ailleurs, ce n'est pas un service qu'ils te rendent. Tu as besoin de la peur en tant qu'alerte. Les autres peuvent faire preuve d'empathie, ils peuvent te rassurer, ils peuvent t'aider à canaliser tes réactions émotionnelles, mais la peur est ton émotion. Tes réactions sont les tiennes. Ne laisse personne les juger. N'aie pas honte d'avoir peur. La peur est une émotion naturelle et, au cours de ta vie, tu auras de nombreuses fois peur. Cette peur aura une intensité différente en fonction de ta relation avec elle et en fonction de ce que tu vis. Demande-toi pourquoi tu as peur, mais ne cherche pas à la fuir. Plus tu vas chercher à la fuir, et plus elle va se transformer en un monstre horrible qui te pourchasse qu'importe où tu te trouves.

- La peur peut être rassurante. Elle peut avoir de nombreux bénéfices secondaires. Pour rappel, un bénéfice secondaire est un effet positif d'une situation négative. La peur comme conseillère te maintient dans une zone de confort. Une zone de confort est une situation qui t'est familière. Même quand elle est étouffante, la zone de confort est rassurante, car on la connaît. La zone de confort donne l'illusion de contrôler les choses, les événements et les autres. La peur comme conseillère te maintient dans cette zone de confort, et tu ne te confrontes pas à l'inconnu, au changement et à l'inédit. Tu peux garder la peur comme conseillère. Tu peux travailler sur toi, tu peux créer de nouveaux projets, mais si tu gardes la peur comme conseillère, tu reviendras toujours au point de départ. Ce n'est pas de la faiblesse ou de la lâcheté, tu fais le maximum avec les moyens que tu as. Malgré tous ces effets désagréables, la peur peut te rassurer. Elle t'aide à ne pas voir le monde comme il est là, c'est-à-dire comme un monde impermanent, incontrôlable et imprévisible.

- La libération de la peur n'est pas positive pour toi. Dans un premier temps, c'est une fuite de toi. Si tu as peur, c'est qu'il y a une raison, et tes blocages ont beaucoup de choses à t'enseigner. Tu n'as jamais peur sans raison. Cette peur a une source particulière, et il est très important de la connaître pour l'écouter d'une nouvelle façon. Si tu te libères de la peur, tu ne captes plus les dangers qui se présentent à toi. Tu continues d'avancer au péril de tes propres ressources et de tes propres limites. La vie est faite de choix, et parfois des choix créent des risques qui ne respectent pas nos limites. Tu as besoin de la peur comme alerte. T'en libérer, c'est fermer les yeux sur des informations, des conseils et des alertes très importantes. Ces alertes sont positives pour toi. Elles ne sont pas contre toi. C'est tout le contraire. La peur comme alerte est ton alliée pour avancer en toute sécurité. Écoute la peur. Équilibre ta relation avec elle. Cela va t'aider à te sentir bien et libre.

Posons-nous maintenant la dernière question :

RÉSOLUTIONS

Quelles actions puis-je mettre en place ?

Après toutes ces réflexions, demande-toi :

« Quelles actions puis-je mettre en place pour créer une nouvelle relation avec la peur ? »

Accueille tes réflexions et tes ressentis avec douceur et bienveillance.

Pour t'aider à répondre à cette question, voici quelques pistes de réflexion :

- Écoute la peur. Plus tu vas la refouler, plus cela va créer de grandes tensions intérieures. Ressens la peur. Tu peux écrire ce que tu ressens, tu peux parler à une personne de confiance, tu peux regarder une vidéo qui te rassure, aller dans un endroit où tu te sens en sécurité ou faire une autre activité qui te permet de ressentir la peur sans te sentir submergé. Écouter la peur ne veut pas dire t'enfermer dans une zone de confort ou écouter ses conseils. Tu accueilles juste cette émotion et tu prends conscience des effets sur ton corps et sur tes pensées. Tu ne prends pas de décision quand la peur est intense. Juste, tu la ressens.
- Demande-toi : « Quel est le danger ? Est-il réel ou non ? » Il est très important que tu fasses une

pause pour te poser ces questions. Plus tu vas le faire, et plus la pause sera courte. Ce sont des habitudes mentales que tu vas mettre en place. Rappelle-toi que la peur n'est pas là par hasard. Demande-toi ce qui te paraît dangereux. Quand tu as cerné le danger, demande-toi comment réagir : faire marche arrière, prendre un autre chemin, contourner le danger ou l'affronter. Ces réponses sont différentes en fonction du danger présent devant toi.

- Demande de l'aide à une personne de confiance ou expérimentée. Tu peux avoir besoin d'aide, surtout si la peur comme conseillère est une base d'ancrage. Cela peut être compliqué de créer une nouvelle relation avec la peur seule. Cela peut être déstabilisant et cela peut être effrayant. Tu vas avoir peur de créer une nouvelle relation avec la peur, et tu vas t'enfermer dans un cercle vicieux. Un cercle vicieux est une situation dans laquelle tout se dégrade. Fais appel à une personne qui a les compétences nécessaires. Cela va t'aider à recevoir des conseils et un soutien en fonction de ta propre sensibilité. Rappelle-toi que tu es un être unique. Un conseil utile pour quelqu'un ne l'est pas forcément pour toi. Un outil qui fonctionne pour quelqu'un ne fonctionne pas forcément pour toi.

- Tu peux te confronter à ce qui te fait peur. Tu peux le faire avec une personne de confiance. Tu peux y aller pas à pas, à ton rythme. Tu as peur de te lancer dans une activité nouvelle. Tu peux demander un soutien moral à un ami et établir la liste des actions à faire pour créer ton projet. Chaque jour, chaque semaine ou chaque mois en fonction de ton rythme, tu t'engages à réaliser une action. Tu te concentres uniquement sur cette action jusqu'à ce qu'elle soit réalisée. Quand elle est terminée, tu t'engages sur la deuxième et ainsi de suite. Tu peux établir un système de récompenses dès qu'une action est réalisée. Cela va t'aider à te confronter à ce qui te fait peur quand le danger n'est pas réel et à avancer à ton propre rythme.

- Tu peux faire de la cohérence cardiaque. La cohérence cardiaque est une technique de respiration qui aide à gérer le stress et l'écoute émotionnelle. Il existe de nombreuses applications pour t'aider à la pratiquer. Tu n'as pas besoin de matériel. Tout est axé sur ta respiration.

- Tu peux travailler sur ton chakra sacré. Tu peux écouter des méditations guidées basées sur le chakra sacré, tu peux travailler avec des pierres associées, tu peux écrire à ta peur. Tu peux prendre un temps de pause pour écrire à ta peur et lui dire tout ce que tu ressens. Cela peut t'aider à équilibrer tes réactions émotionnelles.

PÉDAGOGIE

Quels sont les enseignements de la tristesse ?

Avec justesse et bienveillance, demande-toi :

« *Quels sont les enseignements de ma relation avec la tristesse ?* »

Accueille tes ressentis avec douceur et honnêteté.

Pour t'aider à répondre à cette question, voici quelques pistes de réflexion :

- La tristesse est une alerte importante. Tu as besoin d'elle. Tu as besoin de vivre des moments de tristesse. Je ne te dis pas que cela est facile, mais tu en as besoin. La tristesse t'aide à prendre conscience de ton propre rythme, et surtout elle t'aide à prendre conscience qu'il y a un temps pour tout. Elle t'aide à lâcher prise, à fermer des chapitres de ta vie, à en ouvrir d'autres. Elle t'aide à avancer sur ton propre chemin de vie à ton rythme en fonction de tes ressources et de tes limites. Quand tu es triste, tu vis des phases de transition importantes. Quand tu es triste, tu avances sur ton propre chemin de vie. Quand tu es triste, tu t'adaptes au monde extérieur. La tristesse est une alerte positive. Grâce à elle, tu prends conscience du mouvement de tes énergies et de la vie. Grâce à la tristesse, tu lâches prise.
- Très souvent, tu crois que la tristesse est contre toi. Tu te sens submergé par sa puissance. Sauf que la tristesse ne dure que quelques secondes. Ensuite,

tu as des réactions émotionnelles, c'est-à-dire que c'est toi qui réagis en fonction de tes habitudes réactionnelles et émotionnelles, en fonction de ce que tu vis, où tu te trouves et comment tu te sens. Quand tu souhaites te libérer de la tristesse, tu souhaites te libérer de tes réactions émotionnelles. Mais c'est toi qui les crées. Chercher à t'en libérer sans comprendre le fonctionnement de tes réactions intérieures, c'est te fuir, et surtout c'est revenir toujours au point de départ. Tu ne réagis pas d'une certaine façon par hasard. Tes réactions sont motivées par différentes raisons, qu'elles soient conscientes ou non. Tu as besoin de comprendre le sens et la motivation de tes réactions émotionnelles pour créer une nouvelle relation avec la tristesse. Tu as besoin de comprendre pourquoi tu as peur d'elle, pourquoi tu te sens submergé par elle ou pourquoi elle est devenue une base d'ancrage. Penser simplement que la tristesse te submerge, c'est te soumettre à une énergie qui n'a ce pouvoir que si tu le lui laisses. C'est aussi croire que l'extérieur exerce une influence sur toi que tu ne peux pas vaincre. C'est fuir ton pouvoir d'action et fuir ta propre liberté d'être. Prends conscience que la tristesse ne dure que quelques secondes et prends conscience que c'est toi qui réagis en fonction des moyens que tu as à ta disposition. Cela va t'aider à créer une nouvelle relation avec elle en tant qu'alerte.

- Les émotions de tristesse ne sont pas comparables. Nous vivons tous des deuils. Certains deuils sont plus compliqués que d'autres. Tu vas vivre au cours de ton existence des deuils qui seront brutaux, d'autres éprouvants, d'autres te paraîtront insurmontables, d'autres seront aisés. Tes réactions émotionnelles sont différentes en fonction des événements qui se présentent à toi. L'intensité de la tristesse est différente en fonction de ce que tu vis. Ce n'est pas parce que tu crées une nouvelle relation avec elle que tu vas toujours réagir de la même façon. Ce n'est pas parce que tu crées une nouvelle relation avec elle que rien ne va te toucher. Ce n'est pas parce que tu crées une nouvelle relation avec elle que tu ne vas plus jamais tomber. Comprendre l'alerte de la tristesse t'aide à l'accueillir avec une plus grande douceur et bienveillance. Cela t'aide à comprendre ce que tu vis. Cela t'aide à vivre des deuils, mais tu es humain. Il y aura toujours des moments de déni, toujours des mots de colère, toujours des moments où tout te paraîtra sombre et dangereux. La vie est une danse sous la pluie. La tristesse est ton alliée en tant qu'alerte. Cependant, tu es un être imparfait et tu fais le maximum avec les moyens que tu as.

- La tristesse est une émotion personnelle. Ne compare pas tes réactions émotionnelles à celles des autres. Ce ne sont pas les tiennes. Ne compare pas non plus ton travail intérieur à celui des autres. Tu as ta propre avancée. Tu as tes propres ressources. Tu as tes propres limites. Les autres peuvent t'inspirer, mais ils ne peuvent pas te dicter ta façon d'avancer. Cela n'est pas juste pour toi. Comme la douleur, les réactions émotionnelles sont personnelles. Les autres peuvent faire preuve d'empathie, mais ils ne peuvent pas savoir ce que, toi, tu ressens comme tu ne peux pas savoir exactement ce qu'eux ressentent.

Tu peux comprendre, mais tu ne peux pas savoir exactement. Ne t'oblige pas à respecter des rituels qui n'ont pas de sens pour toi. Ne restreins pas tes émotions. Ne bloque pas tes réactions émotionnelles. Pour créer une nouvelle liberté, écoute tout ce qui se passe à l'intérieur de toi. C'est très important.

Posons-nous maintenant la dernière question :

RÉSOLUTIONS
Quelles actions puis-je mettre en place ?

Maintenant que tu as eu ces prises de conscience, demande-toi :

« Quelles actions puis-je mettre en place pour créer une nouvelle relation avec la tristesse ? »

Accueille tes réflexions et tes ressentis avec douceur et bienveillance.

Pour t'aider à répondre à cette question, voici quelques pistes de réflexion :

- Sois triste. Pour créer une nouvelle relation avec la tristesse, accueille-la. Ressens la tristesse. La ressentir, ce n'est pas être guidé par elle. Ce n'est pas non plus prendre des décisions quand son intensité est à son paroxysme. Juste, tu la ressens. Tu peux pleurer, t'isoler, appeler une personne de confiance ou expérimentée, écrire, écouter la musique la plus triste de ta playlist, regarder le film qui te fait toujours pleurer ou faire autre chose qui t'aide à ressentir la tristesse. Tu as besoin d'accueillir sa présence. Tu as besoin de vivre ce moment. En étant triste, tu vis un deuil. En étant triste, tu accueilles le changement intérieur et extérieur. En étant triste, tu avances. Alors, fais une pause et sois triste. C'est très important pour écouter la tristesse comme une alerte.

- Quand tu te sens prêt, demande-toi : « Quel deuil suis-je en train de vivre ? » Prends le temps dont tu as besoin pour avoir la réponse à cette question. Tu peux utiliser un outil spirituel comme un oracle, un pendule, des runes, etc., pour écouter ta voix intérieure. Tu peux aussi méditer. Tu peux de nouveau écrire. Tu peux demander de l'aide à une personne de confiance ou expérimentée. Tu peux avoir besoin de plusieurs heures, jours ou semaines pour répondre à cette question. Pose-toi cette question à ton propre rythme. Ce n'est pas une course. Quand tu as eu la réponse à cette question, demande-toi ensuite : « Comment puis-je accepter ce changement ? » Et de nouveau laisse venir tes réponses intérieures.
- Demande de l'aide à une personne de confiance ou expérimentée. Le but n'est pas d'effacer ou de libérer la tristesse. Rappelle-toi, tu en as besoin en tant qu'alerte. Le but est de t'aider, si tu en ressens le besoin, à créer une nouvelle relation avec elle. Cette aide peut être très importante si la tristesse en tant que conseillère est devenue une base d'ancrage ou de ta personnalité. Ose demander de l'aide. Cela va t'aider à recevoir du soutien, des conseils et une

présence bienveillante. Le changement et le renouveau peuvent être effrayants. Alors, demande de l'aide pour créer une nouvelle relation avec la tristesse.

- Fais des choses nouvelles. La tristesse t'invite à accueillir le renouveau et l'inédit. Accueille cette énergie à ton rythme. Chaque jour, fais quelque chose de nouveau pour avoir confiance en le changement avec douceur. Tu peux aller à ton lieu de travail en prenant un nouveau chemin, tu peux changer tes habitudes de vie, tu peux aller dans de nouveaux endroits, tu peux accepter une invitation pour rencontrer de nouvelles personnes. Accueille l'inédit dans ton quotidien. Cela va t'aider à prendre conscience que le renouveau n'est pas dangereux, et cela va t'aider à ouvrir un nouveau chapitre de vie avec douceur et confiance. Mets en place des actions avec délicatesse. Ne t'oblige pas à mettre en place dix actions par jour. Cela va créer de la charge mentale plutôt que t'aider à accueillir le changement. Une action par jour est suffisante. Le but est d'avancer à ton propre rythme en respectant tes ressources intérieures.

- Tu peux travailler sur ton chakra sacré. Tu peux écouter des méditations guidées basées sur le chakra sacré. Tu peux travailler avec des pierres qui vont t'aider à te connecter à ce chakra. Tu peux aussi écrire des lettres de pardon. En équilibrant ton chakra sacré, cela va t'aider à ressentir tes émotions avec douceur et confiance.

La P.R.O.P.R.E méthode appliquée à la fuite des émotions positives

Tu peux ressentir des blocages avec tes émotions, car tu peux fuir les émotions positives.

Comme nous l'avons vu ensemble dans le chapitre précédent, les émotions négatives t'alertent. Les émotions positives t'inspirent. Tes émotions négatives t'invitent à faire une pause. Tes émotions positives t'invitent à avancer.

Il y a dix émotions positives principales :

- L'espoir qui t'invite à avoir confiance en tes convictions et en le monde extérieur.
- L'inspiration qui t'invite à avoir confiance en tes capacités de création.
- L'amour qui t'invite à créer des liens positifs avec toi et avec les autres.
- La fierté qui t'invite à reconnaître ton potentiel intérieur.
- L'amusement qui t'invite à profiter de l'instant présent.
- L'admiration qui t'invite à t'inspirer des autres.
- La joie qui t'invite à être satisfait de toi-même.
- La gratitude qui t'invite à reconnaître ta beauté d'être.

- La sérénité qui t'invite à créer un bien-être intérieur.
- La curiosité qui t'invite à sortir de ta zone de confort.

Les émotions positives sont agréables à ressentir, et pourtant tu peux les fuir. Tu peux avoir l'impression que tu ne les mérites pas. Elles peuvent te sembler étrangères ou inaccessibles. Et pourtant, elles t'appartiennent, elles sont à l'intérieur de toi.

Tu peux avoir l'impression de ne jamais ressentir de joie, de ne jamais être fier de toi, d'être incapable de t'amuser. Posons-nous la première question :

Pourquoi ?

Avec douceur et honnêteté, demande-toi :

« Pourquoi je ne ressens pas d'émotions positives ? »

« Pourquoi est-ce que je fuis les émotions positives ? »

« Pourquoi je n'arrive pas à être guidé par les émotions positives ? »

« Pourquoi les émotions positives me paraissent étrangères ? »

Accueille tes ressentis et tes réflexions avec honnêteté et justesse.

Pour t'aider à répondre à cette question, voici quelques pistes de réflexion :

- Tu peux fuir tes émotions positives à cause de ton karma. Ton âme peut être marquée par des expériences très négatives où elle n'a pas été heureuse. Elle peut être marquée par des vies où elle n'a pas été joyeuse, elle n'a pas pu s'amuser, elle n'a pas créé ce qu'elle souhaitait, elle n'a pas pu aimer les autres comme elle souhaitait. Elle peut rencontrer des difficultés à faire confiance et à ressentir ses émotions positives, car elles lui sont étrangères. Cela n'est pas une excuse, cela t'aide à créer une nouvelle relation avec toi-même.

- Tu peux fuir tes émotions positives à cause du karma familial. Le karma familial est composé de mémoires transgénérationnelles qui se transmettent de génération en génération. Un membre de ta famille a pu vivre des expériences compliquées. Il a pu rencontrer des difficultés à ressentir des émotions positives. Cela a été traumatisant pour lui. Ce traumatisme s'est transformé en une mémoire qui se transmet aux générations futures. Cela peut influencer ta relation avec les émotions positives. De nouveau, sans chercher d'excuses, cela peut t'aider à comprendre la relation que tu entretiens avec tes émotions positives.

- Tu as pu grandir sans émotions positives. Tu as pu vivre une enfance où tu n'as pas pu ressentir ces émotions. Tu as pu vivre des traumatismes et tu ne ressentais que des émotions négatives qui te conseillaient. Ton enfance peut déstabiliser ta relation avec tes émotions positives. Tu ne connais pas ou très peu la joie, l'amour, la fierté ou la gratitude. Tu as pu grandir en ayant honte de tes résultats scolaires, en étant critiqué sur ton comportement en permanence, en ayant comme réponse à tes questions « c'est comme ça et puis c'est tout », exterminant ta curiosité. Tu as pu être conditionné à fuir tes émotions positives. Tu as pu être conditionné à les considérer comme étrangères et inaccessibles. Cela peut être difficile pour toi de les ressentir aujourd'hui.

- Tu peux avoir peur de payer un prix trop cher pour toi. Tu peux craindre de ressentir tes émotions positives, car tu peux avoir peur d'en payer le prix. Si tu es trop joyeux de vivre, tu peux avoir peur de connaître un grand moment de malheur. Si tu es trop dans la gratitude, tu peux avoir peur de vivre de grandes déceptions. Si tu aimes trop, tu peux avoir peur de perdre ce que tu aimes. Tu peux être influencé par la notion de punition. Tu peux avoir peur d'être puni si tu ressens trop d'émotions positives. Tu peux avoir l'impression d'avoir un quota d'émotions positives que tu ne peux pas dépasser. Tu peux avoir l'impression que si tu les ressens épisodiquement, tu te protèges de grands drames. Les émotions positives n'ont pas de prix à payer. Ce sont des émotions qui t'appartiennent. Ce sont des émotions personnelles.

- Tu n'as pas de ressources intérieures pour ressentir les émotions positives. Rappelle-toi que tu fais le maximum avec les moyens que tu as. Tu peux vivre des moments où tu n'as pas de ressources suffisantes pour te laisser guider par tes émotions positives. Tu peux avoir envie d'être joyeux, amoureux, fier, serein mais tu ne peux pas. Tu n'as pas les ressources nécessaires. En plus de ces ressources, tu peux vivre des expériences qui ne t'aident pas à les ressentir. Tu n'es pas un robot qui appuie sur le bouton « émotions positives » et qui voit tout en rose. Tu es un être complexe qui fait le maximum avec les moyens qu'il a.

Posons-nous maintenant la deuxième question :

RÉSOLUTIONS

Quelle est ma part de responsabilité ?

Avec douceur et bienveillance, demande-toi :

> ***« Quelle est ma part de responsabilité dans ma fuite des émotions positives ? »***

Accueille tes ressentis avec honnêteté et justesse.

Pour t'aider à répondre à cette question, voici quelques pistes de réflexion :

- Tu peux avoir peur d'agir. Tu peux avoir peur d'oser. Tu peux avoir peur d'entreprendre quelque chose d'important pour toi. Une émotion positive t'aide à être en mouvement. Elle t'invite à avancer. Si tu as peur d'ouvrir un nouveau chapitre de vie, si tu as peur d'agir concrètement, tu vas fuir tes émotions positives. Tu vas écouter tes émotions négatives comme conseillères qui te dictent de rester dans ta zone de confort, qui te dictent d'être figé, qui te dictent de ne pas agir. Ce n'est pas de la faiblesse, ni de la lâcheté. Tu fais le maximum avec les moyens que tu as. Vu que tu refuses le mouvement et l'action, tu vas refuser de ressentir les émotions positives.

- Tu peux avoir peur de modifier ou d'arrêter une ou plusieurs relations. Tu peux fuir tes émotions positives, car tu as peur des répercussions sur tes relations. Par exemple, tu vis actuellement une relation toxique. C'est une relation qui ne te convient pas mais tu n'arrives pas à l'arrêter. Quand tu es seul, tu te sens bien. Tu es joyeux et inspiré. Quand tu vis cette relation, tu es triste et apeuré. Pour des raisons qui te sont propres, tu te sens incapable d'arrêter ou de modifier cette relation. Tu vas arrêter d'être seul ou tu vas faire en sorte de ne pas ressentir ces émotions positives. Tu vas les fuir pour ne pas te rendre compte que cette relation te rend malheureux, pour ne pas modifier ou arrêter cette relation. On pense toujours que ce sont les autres qui nous embrouillent. Mais on est notre principal embrouilleur. Prendre conscience de tes besoins et de tes limites, c'est laisser la place aux émotions positives.

- Tu peux avoir peur du changement. Tu peux avoir peur de changer ta routine, tes habitudes de vie, tes fonctionnements ou tes schémas de pensées. Le changement peut t'effrayer pour des raisons qui te sont propres. Pour ne pas changer les choses, tu vas fuir les émotions positives. Tu vas écouter tes émotions négatives comme conseillères. Les émotions positives te guident vers le changement, elles invitent à agir, elles te motivent pour te lancer. Si cela t'effraie, si le changement t'effraie, alors tu vas fuir les émotions positives. Tu vas préférer écouter tes émotions négatives comme conseillères pour rester dans une zone de confort inconfortable mais rassurante, car elle t'est familière.

- Tu peux avoir peur de regarder en face tes blessures et tes failles. Elles peuvent te faire souffrir. Si tu as grandi sans émotions positives, tu peux avoir besoin de créer une nouvelle relation avec tes blessures et tes failles pour les ressentir de nouveau. Si cela est trop difficile pour toi, si tu ne t'en sens pas capable, si tu n'as pas les ressources pour le faire, tu vas fuir tes émotions positives. Tu vas rester dans ta zone de confort qui te rassure, car elle t'est familière.

Posons-nous maintenant la troisième question :

Objection ! Ou comment nuancer ?

Avec douceur et bienveillance, demande-toi :

« Comment nuancer ma relation avec mes émotions positives ? »

Accueille tes ressentis et tes réflexions avec honnêteté et justesse.

Pour t'aider à répondre à cette question, voici quelques pistes de réflexion :

- La vie est une danse sous la pluie. Et parfois, la pluie s'est transformée en tempête tropicale, tu es à bout de souffle, tu as mal aux pieds et tu es frigorifié. Tu n'arrives plus à danser. Tu n'arrives plus à bouger. Tu n'arrives même plus à être debout. Parfois, tu as besoin de faire une pause. Tu peux aussi te tordre la cheville et tomber. Tu as le droit, c'est humain. La vie est une danse sous la pluie, mais parfois tu ne peux pas danser. Accepte-le. Quand les mauvaises nouvelles s'accumulent, les blocages extérieurs s'intensifient, la fatigue s'accroît, tu n'arrives pas à être joyeux et inspiré. Tu es exténué, inquiet et perdu. Voilà le sens de cette phrase. Les émotions positives t'aident à avancer, mais parfois tu n'as pas les ressources pour les ressentir et tu n'es pas accompagné par les événements extérieurs. Tu fais le maximum avec les moyens que tu as.

- Le monde extérieur peut faire peur. Même si tes émotions positives ne dépendent pas de l'extérieur, tu peux être influencé de façon négative par le monde extérieur. Le réchauffement climatique, les mauvaises nouvelles, les polémiques politiques, les injustices sociales, etc. Tu peux avoir des difficultés à te concentrer sur ton bien-être intérieur quand tu es entouré de mauvaises nouvelles et de perturbations extérieures. C'est humain. Je vais te dire qu'il est important de lâcher prise, mais parfois tu n'y arrives pas. Est-ce que me demander quel monde je vais laisser à mon fils m'a empêchée de dormir lors de la dernière canicule ? Oui. Est-ce que cela a déclenché une crise d'angoisse en moi ? Oui. Est-ce que j'étais très éloignée de la joie ? Tout à fait. Nous sommes des êtres complexes et imparfaits qui vivons dans un monde complexe et imparfait. Parfois, tu peux être tellement effrayé par le monde extérieur que tu es incapable de te laisser guider par tes émotions positives. C'est normal, c'est humain.

- Tu peux avoir un rythme de vie très rapide et un emploi du temps très chargé. Tu peux vivre dans la charge mentale. La charge mentale est la charge de gestion, de planification et d'organisation de ton quotidien. Tes pensées, tes actions, ton organisation sont concentrées sur ce que tu dois faire et non sur toi. Quand tu es dans la charge mentale, tu n'as plus le temps, ni l'espace pour tes émotions positives. Tu agis selon une *to-do list* stricte qui doit être terminée avant la fin de la journée. Tu n'as pas le temps d'écouter tes ressentis, tu n'as pas le temps de te poser des questions, tu ne penses même pas à vivre l'instant présent. Tes émotions positives restent au fond de toi et ne peuvent pas s'exprimer. Tu avances guidé par une logistique bloquante et non guidé par tes émotions positives.

- Nous vivons dans une société qui véhicule de nombreuses injonctions. Elle nous dicte de nous concentrer sur ce que nous faisons et ce que nous avons. Le faire et l'avoir. Le faire crée une grande charge mentale. L'avoir crée une déconnexion de soi. On oublie totalement l'être. On ne sait plus qui on est et ce qu'on veut. On est concentré sur ce qu'on pense devoir faire et sur ce qu'on possède. On n'a plus de ressentis intérieurs. On ne les écoute plus. On ne prend pas le temps de comprendre ce qu'il se passe à l'intérieur de nous. On fait et on a. Mais on n'est plus. Ces injonctions sociétales peuvent être oppressantes et peuvent nous empêcher d'être guidés par nos émotions positives.

Posons-nous maintenant la quatrième question :

PÉDAGOGIE

Quels sont les enseignements ?

Avec douceur et bienveillance, demande-toi :

« Quels sont les enseignements de la fuite de mes émotions positives ? »

Avec honnêteté et justesse, accueille tes ressentis et tes réflexions intérieures.

Pour t'aider à répondre à cette question, voici quelques pistes de réflexion :

- Une émotion est personnelle. Une émotion est un moteur intérieur. Une émotion positive te guide et t'inspire. Tu peux la ressentir sans stimulus extérieur. Plus tu attends une occasion extérieure pour ressentir une émotion positive, plus tu vas créer des schémas de dépendance. Si tu attends la reconnaissance des autres pour être fier de toi, tu vas être dépendant du regard des autres. Si tu attends la présence d'une personne pour t'aimer ou t'amuser, tu vas créer de la dépendance affective. Si tu attends un événement pour être joyeux, tu vas créer de la dépendance avec l'extérieur. Si tu attends que tout soit parfait dans ta vie extérieure pour être serein, tu vas courir après des chimères impossibles à atteindre. Plus tu prends conscience que tes émotions positives ne dépendent pas de l'extérieur, plus tu leur ouvres la porte. Prends conscience qu'elles sont personnelles et qu'elles partent de toi.

- Ne te force pas à ressentir les émotions positives si tu ne t'en sens pas capable. Tu ne vas pas être guidé par tes émotions positives, tu vas créer de la positivité toxique, c'est-à-dire que tu vas t'obliger à être positif qu'importent les circonstances qui t'entourent. Tu ne vas pas être honnête avec toi-même. Tu ne vas pas être guidé par les émotions positives, tu vas créer un personnage qui n'est pas toi. Prends le temps d'accueillir tes émotions positives mais ne te force pas à les ressentir. Ce n'est pas en souriant que tu vas ressentir profondément la joie. Combien de fois as-tu souri alors que tu avais envie de pleurer ? Ce n'est pas en prenant des photos en rafale que tu vas vraiment t'amuser. Combien de photos qui ne reflétaient absolument pas ce que tu as vécu as-tu postées sur tes réseaux sociaux ? Ce n'est pas en créant des relations toxiques que tu vas t'aimer. Combien de fois as-tu qualifié ton ex de toxique pour lui envoyer un message ensuite lui disant que tu regrettais votre relation ? Ne te force en rien. Accueille sans dépasser tes limites et tes ressources.

- Tes émotions sont tes moteurs intérieurs. Une émotion négative t'alerte et t'invite à faire une pause. Une émotion positive t'inspire et t'invite à avancer. Plus tu vas écouter tes émotions, plus tu vas équilibrer tes réactions émotionnelles, plus tu vas découvrir le rythme qui te convient. Tu vas découvrir et connaître les ressources dont tu disposes. Tu vas découvrir et connaître tes limites intérieures. Tu vas avancer et vivre tout en créant ton propre bien-être. Tu vas respecter ton être intérieur. Tu vas respecter tes besoins. Tu vas aussi respecter les limites des autres. Accueille et écoute tes émotions. Laisse tes émotions positives t'inspirer le changement que tu attends, le renouveau que tu souhaites, l'instant présent que tu souhaites graver dans ton esprit. Laisse les émotions positives t'aider à vivre tout simplement.

- Tes émotions positives n'ont pas de prix à payer. Elles t'appartiennent déjà. Tu ne vas pas être puni, car tu as été trop heureux. Tu ne vas pas regretter d'être fier de ton avancée et de ton potentiel. Tu ne vas pas être submergé d'obligations soudaines, car tu as pris le temps de t'amuser. Les émotions positives ne sont pas des diamants bruts rares et chers. Elles ne sont pas réservées à une élite privilégiée. Tu as le droit de les ressentir. Tu as le droit d'en faire des bases d'ancrage. Tu as le droit d'être guidé par leurs conseils du lever au coucher. Accorde-toi ce droit. Laisse de côté la punition divine. Tu n'as rien à payer. Tu as juste à les écouter comme conseillères.

Posons-nous maintenant la dernière question :

RÉSOLUTIONS

Quelles actions puis-je mettre en place ?

Avec douceur et bienveillance, demande-toi :

« Quelles actions puis-je mettre en place pour créer une nouvelle relation avec mes émotions positives ? »

Accueille tes ressentis et tes réflexions intérieures avec honnêteté et justesse.

Pour t'aider à répondre à cette question, voici quelques pistes de réflexion :

- Tu peux mettre en place une thérapie émotionnelle en demandant l'aide d'une personne expérimentée. Elle peut te donner des conseils, un soutien et des exercices adaptés à ta sensibilité. Elle peut t'aider à accueillir les émotions positives comme guides et conseillères avec confiance.
- Dès que tu ressens une émotion positive, nourris-la pour la ressentir dans tout ton corps et toutes tes énergies. Tu peux le faire en inspirant et en expirant profondément dès que tu ressens les prémices d'une émotion positive. Amplifie cette émotion grâce à ta respiration. Tu peux aussi répéter un mantra (une phrase courte au présent simple, positive) pendant ta respiration. Par exemple : pour la joie, tu peux dire : « Je suis joyeux. » ; pour la fierté : « Je suis fier de moi. » ; pour l'amour : « Je m'aime. » ; pour la sérénité : « Je suis serein. », etc.
- Dès que tu ressens une émotion positive, écoute ses conseils. Écoute tes pensées et tes idées qui accompagnent cette émotion. Écris-les et engage-toi à agir pour les réaliser. Par exemple, quand tu es joyeux, tu as envie de prendre soin de ton corps et de reprendre le yoga. Engage-toi cinq minutes par jour à le pratiquer. Quand tu es fier de toi, tu as de nouvelles idées de création. Écris-les et agis pour les concrétiser.

Plus tu vas agir quand tu ressens les prémices de tes émotions positives, plus tu vas les écouter comme conseillères.

- Célèbre-toi. Très souvent, tu peux attendre la reconnaissance extérieure. Tu peux attendre que les autres soient fiers de toi. Tu peux attendre qu'ils reconnaissent ta valeur pour la reconnaître. N'attends pas leur retour. Célèbre-toi. Célèbre tout ce que tu es. Célèbre ce que tu considères comme des échecs. Ce sont des expériences qui t'apprennent de nombreuses choses. Célèbre ce que tu as commencé et arrêté. Tu as tenté et tu as fait preuve d'initiatives envers toi-même. Célèbre les moments où tu ne fais rien. Tu respectes ton rythme, tes ressources et tes limites. Célèbre-toi. Félicite-toi. N'attends pas l'extérieur pour le faire. Plus tu vas te célébrer, et plus tu vas écouter tes émotions positives comme conseillères.

- Lâche prise. Je parle du lâcher-prise dans *Le Guide du Lightworker*. Je sais que cela peut être compliqué, mais plus tu vas lâcher prise, et plus tu vas écouter tes émotions positives comme conseillères. Quand tu lâches prise, tu prends conscience que le monde extérieur est impermanent, imprévisible et incontrôlable. Tu prends conscience que la seule chose que tu contrôles, c'est ce que tu nourris en toi. Quand tu lâches prise, tu te concentres sur ton être intérieur pour t'adapter au monde extérieur. Quand tu lâches prise, tu laisses la place à tes émotions positives comme guides et conseillères.

LES BLOCAGES AVEC MON IDENTITÉ

LES PRINCIPAUX BLOCAGES AVEC MON IDENTITÉ

Dans ce chapitre, je vais t'aider à créer une nouvelle relation avec ton identité. Tu peux avoir des difficultés à te découvrir, te comprendre et te réaliser, car tu peux ressentir de nombreux blocages qui deviennent des freins intérieurs. Tout en toi peut te paraître obscur et tu peux avoir l'impression d'être ton pire ennemi. Tu peux te sentir démuni.

Se comprendre, c'est un chemin que tu parcours jour après jour, pas après pas.

Il n'y a pas de baskets magiques, les raccourcis ne sont pas toujours bénéfiques et ce n'est pas en courant que tu vas prendre la bonne direction.

Rappelle toi de la fable du lièvre et de la tortue de Jean de la Fontaine. Le but n'est pas d'aller vite. Le but est de se découvrir, de s'aimer et d'avancer à son propre rythme en adaptant son pas au poids du sac que l'on porte.

Personne n'avance sur une ligne droite. J'ai moi même parcouru de nombreux chemins. Mais ce qui compte, c'est avancer. Et pas forcément avancer dans sa vie extérieure, avancer vers soi.

L'autosabotage

L'autosabotage peut être un grand frein dans ta vie. Tu peux avoir l'impression de toujours toucher du doigt le bonheur que tu cherches et avoir une action qui va venir tout détruire et tout arrêter.

L'autosabotage peut t'enfermer dans une zone de confort bloquante, et cela peut te faire douter de toi, de tes capacités et de tes compétences.

> L'autosabotage est le fait de s'interdire de façon consciente ou non de réaliser ou de vivre quelque chose qui est positif pour soi.

Tu nourris des doutes figeants, ton mental te conseille et tu es paralysé par la peur de l'échec.

Quand l'autosabotage est présent, tu es ton propre obstacle, voire ton propre adversaire. De façon inconsciente, tu peux créer des événements imprévus, tu peux retarder tes actions, tu peux être conseillé par des croyances limitantes, tu peux culpabiliser de réaliser ce qui te tient vraiment à cœur.

L'autosabotage peut être présent dans l'ensemble des domaines de ta vie. Il peut être présent de façon globale comme il peut n'être présent que dans ta vie personnelle, professionnelle, amicale, spirituelle, etc. Il peut être permanent ou passager.

Quand tu es dans l'autosabotage, tu es dans la prophétie autoréalisatrice. Une prophétie autoréalisatrice est un concept psychologique. C'est le fait qu'en se prédisant soi-même un événement ou en s'attendant à la venue de cet événement, on va modifier nos pensées, nos actions, nos convictions qui vont créer cet événement attendu.

Quand tu es dans l'autosabotage, tu crois que tu ne mérites pas quelque chose d'important pour toi ou que tu n'as pas en toi les ressources ou les qualités nécessaires à telle ou telle situation. Tu vas alors agir et penser en ce sens. Tu vas devenir ton principal blocage. Tu vas créer une situation que tu ne veux pas. Tu vas créer une situation qui ne te convient pas. Tu vas créer ce que tu souhaites éloigner de ta vie.

L'autosabotage peut se manifester de plusieurs façons :

- Cela peut être en ne finissant jamais ce que tu commences. Tu peux t'investir dans un projet, donner le maximum de toi-même et, dès que tu arrives à la dernière étape, tout arrêter. Tu peux avoir l'impression que tu es bloqué par l'extérieur, tu peux laisser ton quotidien prendre toute la place ou tu peux te concentrer sur quelque chose de nouveau en laissant de côté ce que tu venais de commencer. Quand tu ne termines pas un projet, tu te leurres, car tu es toujours dans une énergie d'action, tu es toujours en train de faire quelque chose, tu es toujours en train de t'investir. Cependant, quand l'ultime étape arrive, tu bloques tout. C'est un des types de l'autosabotage.

- Cela peut être en remettant toujours les choses à plus tard. C'est la procrastination. Tu as plein d'idées, d'envies et de projets, mais tu remets toujours l'action à une prochaine fois. Tu peux te dire « je commence demain », « je commence la semaine prochaine », « d'ici une heure, je concentre mon énergie dessus ». Tu es davantage dans la visualisation plutôt que dans l'action. Tu n'es pas dans une énergie de concrétisation. C'est une des formes de l'autosabotage.

- Cela peut être en te trouvant des excuses. Tu vas toujours avoir une excuse qui empêche l'exécution de ce qui est important pour toi. Très souvent d'ailleurs, ce sont des excuses extérieures. Ce n'est pas toi qui bloques, mais c'est l'extérieur qui t'empêche d'avancer, c'est l'extérieur qui t'empêche de construire ce que tu souhaites, c'est l'extérieur qui crée des événements imprévus, c'est l'extérieur qui est contre toi. Tu peux aussi te trouver des excuses comme « je suis trop fatigué », « je ne suis pas prêt », « c'est compliqué », « c'est difficile ». Ces excuses perturbent l'estime et la confiance en toi. Et cela te bloque dans l'autosabotage.

- Cela peut être en cherchant la perfection. Tu vas être toujours centré sur les détails. Tu vas avoir l'impression que tu peux toujours améliorer telle ou telle chose. Tu vas attendre que tout soit parfait avant de te lancer ou avant de vivre ce que tu souhaites. Cette perfection impossible à atteindre repousse l'action ultime. Cela nourrit l'autosabotage.

L'autosabotage n'est pas à fuir. Le but n'est pas non plus de le nourrir. L'autosabotage est une alerte positive qui t'invite à faire une pause pour comprendre ce qu'il se passe en toi.

Ses manifestations se mettent en place insidieusement par plusieurs mécanismes ou schémas de pensées en réaction à divers événements : les croyances limitantes ; le syndrome de l'imposteur ; le doute ; la faille narcissique ; la dualité ; les carapaces. Tous ces schémas doivent être considérés en tant qu'alertes. Nous allons les détailler maintenant :

Les croyances limitantes

Une croyance limitante est une pensée ou une idée négative. Une croyance limitante est une règle restrictive qui t'impose une façon d'être, de faire et de ressentir. Une croyance limitante est une certitude. Une certitude est une pensée, un état d'esprit qui fige et qui connecte au mental.

Une croyance limitante peut se créer de différentes façons :

Elle peut être sociale : elle peut se créer par des injonctions sociétales restrictives.

Elle peut être personnelle : elle peut se créer au fur et à mesure de tes expériences de vie.

Elle peut être familiale : elle a pu se créer lors de l'enfance.

Une croyance limitante biaise notre système de pensées. Quand elle est présente, elle perturbe l'analyse de notre monde intérieur, elle empêche la prise de recul et les réflexions personnelles, elle enferme dans une zone de confort étouffante, elle influence de façon négative nos schémas relationnels.

Une croyance limitante est un frein quotidien dans la découverte de soi, dans la création de sa liberté et dans la prise de décision personnelle.

Les croyances limitantes créent des prophéties autoréalisatrices. À s'attendre au pire, sans s'en rendre compte, on influence nos réactions, nos actions et nos décisions, et on prend le chemin que l'on redoute. Une croyance limitante est un état d'esprit ou une pensée négative qui va freiner notre avancée, nos actions et nos projets. Elle influence de façon négative la confiance et l'estime de nous-même.

Ce sont des phrases qui peuvent devenir des mantras et qui peuvent créer une comparaison négative avec les autres. Par exemple : « je ne suis pas prêt », « ce n'est pas le moment », « je ne peux pas le réaliser seul », « c'est trop beau pour être vrai », « c'est compliqué et trop difficile », etc.

Il y a différents types de croyances limitantes :

- La catégorisation : j'aurais envie de te dire que c'est ma préférée. Pourquoi ? Car tu la vois partout : sur les réseaux sociaux, dans les médias, dans des conversations entre amis. Elle est partout. La catégorisation est le fait d'assimiler des faits, des situations, des personnes, des réactions, des besoins, des limites à un même groupe sans prendre en compte leur spécificité, sans nuancer, sans prendre du recul. Par exemple : tous les auteurs spirituels sont des méchants gourous avides d'argent. Chaque auteure, chaque auteur qui écrit un livre sur son parcours personnel ou spirituel est vu comme un gourou en recherche d'argent. Son parcours, son histoire, sa façon de travailler, sa passion ne sont pas pris en compte. On la ou le place dans la catégorie des gourous. Un autre exemple plus général : une femme de 30 ans recherche une relation sentimentale pour avoir un enfant. Dans notre société patriarcale, cette croyance limitante est aussi bien répandue. Si tu es une femme de 30 ans, selon cette croyance limitante, tu as absolument besoin d'enfanter et si tu cherches à vivre de beaux moments avec un partenaire, c'est uniquement pour créer une famille.

- La généralisation : c'est le fait d'énoncer des évidences sans bases concrètes. Très souvent, ce sont des phrases qui commencent par « toujours », « jamais », « tout le monde », « à chaque fois », etc. Par exemple : « À chaque fois que je suis en retard, tous les feux sont rouges. » Sois honnête, toi comme moi, on a déjà eu cette phrase, énervés, quand nous étions en retard dans notre voiture. Si tu prends du recul, cette phrase n'a pas de base concrète. Il n'y a pas un « dieu des Feux rouges » qui s'amuse à pourrir ta journée juste parce que tu t'es réveillé en retard. Cependant, vu que tu es en retard, chaque élément perturbateur va s'amplifier. Ton attention va être focalisée sur les feux rouges, alors que d'habitude tu n'y fais pas attention. Tu as l'impression que c'est contre toi, alors que ce n'est pas le cas... Mais c'est tellement agaçant, ces feux rouges le matin quand on est en retard !

- Les barrières : ce sont des barrières mentales conscientes ou non. Très souvent, ce sont des barrières à des prises de conscience, au changement, à des prises de décision importantes. Ce sont très souvent des phrases qui commencent par « oui, mais » ou « c'est pas faux ». Par exemple : quand je faisais des consultations, j'étais souvent confrontée aux barrières mentales des personnes. Je ne leur en veux pas du tout et je ne les juge pas. Très souvent, elles sont inconscientes. Mais quand je donnais un conseil qui impliquait un choix important à faire (comme le devenir sain d'une relation), la réponse était quasiment toujours la même : « Oui, mais... » C'est une barrière mentale au changement. Et c'est humain. Cette barrière peut te protéger d'une prise de conscience que tu ne peux pas encore gérer intérieurement.

- Les schémas répétitifs : ce sont des croyances limitantes qui se présentent par des schémas de pensées répétitifs de plus en plus intenses et bloquants. Par exemple : dès qu'il pleut, tu te dis : « C'est une journée pourrie, le monde est pourri, les autres sont décevants, je suis nul, et pourquoi je me suis levé ce matin, tout ce que je fais n'a aucune valeur. » Tu ne crées pas une bonne ambiance intérieure. La première pensée négative en amène une autre encore plus négative, qui en amène une autre encore plus négative. C'est un cercle vicieux qui ne te motive pas forcément à vivre ta journée sereinement.

Les croyances limitantes t'enferment dans un cercle vicieux. Tu répètes en boucle une pensée négative qui influence tes actions et tes réactions, et tu obtiens un résultat négatif. Ce résultat négatif va amplifier la pensée négative qui va de nouveau influencer tes prochaines actions et réactions, et tu vas obtenir des résultats négatifs.

Quand les croyances limitantes t'alertent, elles t'aident à prendre conscience de ton état physique, psychique, émotionnel et énergétique. Tu te rends compte que tu as besoin de repos, de prendre du recul, d'avoir du soutien, etc.

Par exemple, si tu te réveilles avec des schémas répétitifs, tu peux te demander pourquoi tu te sens ainsi. Est-ce que c'est en lien avec ton sommeil ? Des rêves que tu as faits ? Une appréhension de ta journée ? Un événement la veille que tu n'as pas digéré ? La croyance limitante est intéressante comme alerte. Tu peux alors agir : en pleurant, en allant te recoucher, en parlant à une amie, en méditant, en allant faire du sport, etc. La croyance limitante comme alerte t'aide à prendre conscience de comment tu te sens et de comment tu vas.

Nous vivons tous des moments où les croyances limitantes sont intenses. La durée et l'intensité sont variables selon chacun. Créer un lien avec elles en tant qu'alertes est important. Cela t'aide à comprendre tes ressources et tes limites.

Se libérer totalement des croyances limitantes est impossible. Cette libération est une fuite de toi-même, de tes besoins, de tes ressources et de tes limites Rappelle-toi que tu es un être de pensées. Créer une nouvelle relation avec elles, même les négatives, en tant qu'alertes est intéressant et constructif.

Le syndrome de l'imposteur

Le syndrome de l'imposteur est un mécanisme psychologique qui est vécu par un grand nombre de personnes. Et pour être totalement transparente avec toi, c'est souvent mon cas. Le syndrome de l'imposteur vient régulièrement me chanter à l'oreille que je ne suis pas capable ou que je ne mérite pas telle ou telle chose.

> Le syndrome de l'imposteur est le sentiment d'être illégitime, d'être indigne de vivre ou de faire quelque chose. C'est aussi une grande peur de décevoir les autres. C'est la sensation de ne pas mériter la place que l'on a.

Ce terme a été développé en 1978 par deux psychologues : Pauline Rose Clance et Suzanne Imes. Elles ont étudié plus d'une centaine de femmes qui avaient des postes de prestige avec de grandes responsabilités. Elles se sont rendu compte que, malgré leur réussite, ces femmes avaient l'impression d'être dans l'échec ou doutaient de leurs propres capacités et compétences.

Le syndrome de l'imposteur peut être présent de façon permanente ou temporaire. Son intensité et sa récurrence dépendent de chaque personne. Il peut concerner tous les domaines de la vie comme un seul. Cela dépend de chacun.

Le syndrome de l'imposteur crée beaucoup de doutes figeants, des peurs et des angoisses qui paralysent. Il fait croire que lorsque quelque chose paraît négatif, c'est entièrement notre faute. Il fait croire que lorsque quelque chose paraît positif, c'est entièrement grâce à l'extérieur.

Le syndrome de l'imposteur n'est pas de l'autosabotage direct. L'autosabotage parasite l'action avant qu'elle soit concrétisée. Le syndrome de l'imposteur se présente après la réalisation de l'action, en revanche, ce schéma de pensées diminuant le mérite personnel est bien une manifestation d'autosabotage.

Quand on parle du syndrome de l'imposteur, tu peux te demander comment t'en libérer. Cependant, c'est une alerte très importante pour t'aider à comprendre comment tu t'estimes, comment tu évalues tes capacités et comment tu avances.

Le doute

Le doute peut avoir mauvaise presse dans le domaine spirituel, car il rappelle souvent l'adage : « Le doute est l'ennemi de la foi. » Je ne suis pas du tout d'accord. Le doute est salutaire et positif comme alerte.

Il est très important de douter pour ne pas enfermer ses pensées dans des certitudes et dans des croyances limitantes figées et bloquées. Une certitude est une pensée ou une idée qui est enfermée entre quatre murs. Elle ne peut pas être modifiée, renouvelée, infirmée ou confirmée.

Douter, c'est remettre en question. C'est une vérification mentale pour approuver ou non une pensée, une décision, un choix, une situation, une relation.

Le doute permet ainsi de créer des convictions, c'est-à-dire des pensées ou des idées qui sont entre quatre murs. Elles peuvent être modifiées, renouvelées, infirmées ou confirmées.

Le doute permet d'être curieux. La curiosité est une émotion positive qui aide à sortir de sa zone de confort.

Le doute aide à la construction de l'esprit critique. Il aide à remettre en question ce qu'on fait, ce qu'on pense, ce qu'on aime, ce qu'on dit, qui on est. Vive le doute !

Le doute ouvre les portes de ta transformation intérieure, de ta révélation intérieure, de ton identité, de ta liberté d'être.

Le doute comme alerte n'est pas une entrave, un blocage ou une perte de temps.

Quand il te conseille, le doute fige et paralyse. Il te connecte à ton mental et te bloque dans ta zone de confort étouffante. Tu t'autocritiques, tu te dévalorises, tu te compares de façon négative aux autres, tu te sens incapable de prendre des décisions par toi-même, tu te sens incapable de créer ton propre bonheur.

Fuir tes doutes, c'est déséquilibrer ton ego. Tu vas dépasser tes propres limites comme tu peux dépasser les limites des autres sans même t'en rendre compte. Tu peux mépriser tes propres pensées comme celles des autres, tu peux moquer tes pensées comme celles des autres, tu peux catégoriser ceux qui ne pensent pas comme toi, tu peux généraliser les situations complexes de ton quotidien.

Douter, c'est la vie. Doute de tout et doute de moi, de ce que j'ai écrit et de ce que tu lis.

L'ego et la faille narcissique

Comme le doute, dans la spiritualité, l'ego est souvent vu comme quelque chose de négatif dont tu dois te libérer pour retrouver ton essence originelle. S'il te plaît, ne fais pas cela. Si ton ego existe, c'est que tu en as besoin. S'il existe, c'est qu'il a une importance. S'il existe, c'est qu'il t'aide à t'accepter et à te découvrir. De même pour le narcissisme.

Ego vient du latin et veut dire « moi ». Rien que par son étymologie, tu te rends compte qu'il est important. Veux-tu vraiment te libérer de toi ? L'ego, c'est ta conscience. Je le décris toujours comme la membrane semi-permanente qui constitue nos cellules. L'ego t'aide à créer une frontière équilibrée avec l'extérieur. Il t'aide à affirmer tes besoins, ton identité et ton cadre de référence. Il t'aide aussi à définir des limites entre toi et l'extérieur.

L'ego t'aide à te connecter à ton âme, à ton essence et à ton identité.

Il t'aide à accueillir et à accepter toutes les parties de ton être. Il t'aide à écouter ta partie lumineuse comme une grande source d'inspiration et à écouter ta partie sombre comme une alerte importante. Il t'aide aussi à créer des bases intérieures pour t'adapter aux événements extérieurs.

Il t'aide à dire « non » quand une situation, une relation, une opportunité ou un événement n'est pas en accord avec tes besoins et tes attentes.

Il y a différents types d'ego :

- L'ego sous actif ou sous développé. Si ton ego est sous actif ou sous développé, tu éponges totalement l'extérieur et tu t'effaces au profit des autres. Tu ne sais pas qui tu es, ce que tu veux, ce que tu vaux et ce que tu mérites. À ce moment-là, ta partie sombre te conseille, tu peux imiter les autres tout en te comparant de façon négative à eux, tu peux laisser l'autosabotage et le syndrome de l'imposteur te conseiller ainsi que les croyances limitantes, tu peux te sentir incapable de dire « non » comme tu peux avoir peur de remettre en question tes choix, tu peux rester bloqué dans ta zone de confort en ayant peur du changement, du renouveau et de l'inédit.

- L'ego suractif ou surdéveloppé. Si ton ego est suractif ou surdéveloppé, tu cherches à imposer ton cadre de référence, tes attentes, tes besoins aux autres sans respecter leurs propres limites et leurs propres besoins. Tu crées un schéma relationnel de soumission et de manipulation avec les autres. Tu as des difficultés à te remettre en question, et tu peux aussi manquer d'empathie et de bienveillance envers autrui. Tout cela peut être inconscient. Les autres sont là pour t'apporter quelque chose ou pour te sublimer. Tu ne les considères pas pour qui ils sont.

- L'ego spirituel. J'en parle dans mon livre *Le Guide du Lightworker*. C'est un déséquilibre de l'ego qui s'installe souvent quand tu découvres le domaine spirituel. Il peut être temporaire comme il peut devenir une base d'ancrage. Quand tu es dans l'ego spirituel, tu n'écoutes pas ta partie sombre en tant qu'alerte, tu la fuis et tu la renies. Tu te persuades que tu n'es qu'amour et lumière. Tu n'existes qu'à travers tes capacités et ton cadre de référence spirituel. Tu penses détenir la vérité et tu peux critiquer gratuitement ceux qui ne pensent pas comme toi.

- L'ego équilibré. L'ego équilibré est un ego qui t'aide à créer une limite bienveillante et ajustable entre toi et l'extérieur. Il t'aide à mettre en avant tes besoins et ton cadre de référence tout en respectant tes propres limites. Il t'aide à respecter les limites et le cadre de référence des autres. Il t'aide à expérimenter en fonction de tes attentes, tes besoins et tes envies.

Quand ton ego est équilibré, tu sais te remettre en question avec justesse et bienveillance. Tu te laisses guider par des convictions que tu peux modifier, renouveler ou remplacer. Tu sais dire « non » à des opportunités, des relations ou des situations qui ne sont pas en accord avec tes attentes et tes besoins. Tu accueilles la contradiction extérieure et tu ne critiques pas les autres de façon gratuite. Tu sais t'affirmer et prendre conscience de tes capacités et de tes compétences. Tu te concentres sur l'expérience sans être paralysé par la peur de l'échec.

Un ego équilibré est la clef pour créer ton propre chemin, pour avancer à ton propre rythme et pour vivre en fonction de tes vibrations intérieures. Tu ne te libères pas de ton ego, tu l'équilibres.

Ton ego est indispensable à ta propre existence. Un ego équilibré est indispensable à ton bonheur.

Comme tu le sais, tout est en mouvement, rien n'est figé. Un ego peut se déséquilibrer de façon permanente ou temporaire.

Quand il est déséquilibré, il est une alerte importante. Un ego déséquilibré t'apprend de nombreuses choses sur toi, sur qui tu es, sur ce que tu vis. C'est une alerte qui est une très belle source d'apprentissages.

S'aimer est le point de départ pour créer ce qu'on souhaite et pour s'épanouir. Le narcissisme n'est pas un trait de caractère toxique. C'est sain. Quand il est équilibré, le narcissisme est sain.

Le narcissisme sain décrit l'amour de soi, une personnalité construite sur des bases solides et saines, un ancrage dans l'instant présent, une estime juste de soi, une confiance en son potentiel et une reconnaissance bienveillante de ses failles.

Quand on parle d'une personne narcissique, on ne parle pas d'une personne avec un narcissisme sain. On parle d'une personne qui a une ou plusieurs failles narcissiques.

Une faille narcissique est un narcissisme fracturé. C'est une fracture intérieure. Ce blocage crée un manque d'estime de soi, une peur du monde extérieur, un déséquilibre de l'ego (qui peut devenir sous- ou suractif), une insécurité permanente, un manque de connaissance de soi, un déséquilibre relationnel et un manque d'écoute émotionnelle équilibrée.

Je ne pense pas qu'une faille narcissique profonde puisse se créer à l'âge adulte. Très souvent, ce sont des failles narcissiques déjà présentes depuis l'enfance qui sont nourries ou renforcées lors de tes expériences actuelles. Ta structure intérieure se construit pendant l'enfance. Adulte, tu peux vivre des expériences brutalisantes qui ne vont pas créer de failles narcissiques profondes si tu as une base intérieure saine et solide. Cependant, quand des failles narcissiques sont présentes, les expériences que tu vis peuvent amplifier ta douleur et ta souffrance intérieures.

Quand une faille narcissique est présente, la personne peut avoir des difficultés à s'aimer et peut douter en permanence de l'amour des autres. Elle va avoir besoin en permanence d'être rassurée, que ce soit par elle-même en créant un personnage sûr de lui et vaillant ou par les autres en demandant une attention exagérée de la part de son entourage.

La personne va avoir de grandes difficultés à gérer ses réactions émotionnelles, surtout la frustration qu'elle va vivre comme une grande injustice.

Elle va ignorer les critiques constructives et peut elle-même critiquer gratuitement les autres. Non par méchanceté mais pas un besoin constant de se rassurer.

Elle peut prendre la fuite quand les conflits sont présents pour recréer de nouvelles situations où elle sera mise en avant.

Une personne qui présente une ou plusieurs failles narcissiques peut créer des dommages collatéraux, c'est-à-dire qu'elle peut être blessante, elle peut juger, manipuler, critiquer ou mentir. Non par volonté de blesser. Mais par fuite de ses propres blessures ou par des tentatives afin d'avancer coûte que coûte. Je suis vraiment convaincue que les personnes toxiques ou méchantes n'existent pas. Cependant, je crois aux personnes blessées. Je crois aux personnes blessées qui blessent en fuyant leurs propres blessures. Je crois aux personnes blessées qui ne souhaitent pas reconnaître leurs fractures intérieures et qui établissent des techniques conscientes ou non pour se forger une identité et un cadre de vie qui les aident à vivre coûte que coûte.

Je crois aux relations toxiques mais pas aux personnes toxiques. Est-ce que cela veut dire que je banalise la violence? Absolument pas. Est-ce que cela veut dire qu'il faille tout pardonner au nom de ces blessures? Le pardon est une expérience personnelle. Est-ce que cela veut dire ne pas s'exprimer quand une personne nous blesse? Oh que non. Simplement, je pense que la vérité sur nos relations et sur nous-même se trouve bien loin des catégorisations. Toi comme moi nous avons déjà été catalogués comme toxiques par une autre personne. Est-ce que c'est notre identité? Non. Nous sommes beaucoup plus complexes que cela.

Une faille narcissique est souvent douloureuse. Son intensité est variable selon chaque personne. Son influence tout autant. Soit tu la regardes en face, soit tu tentes de la fuir. Il n'y a pas une méthode positive ou une méthode négative. Tu fais le maximum avec les moyens que tu as.

Il existe plusieurs failles narcissiques. Ces failles peuvent être :

- Une faille émotionnelle : tu vas avoir une blessure concernant ton écoute émotionnelle. Tu vas avoir des difficultés à avoir confiance en tes émotions ou à gérer tes réactions émotionnelles. Tu peux être submergé en permanence par tes émotions ou les enfermer dans une boîte pour ne plus rien ressentir. Cela dépend de ton libre arbitre et des moyens intérieurs dont tu disposes.
- Une faille psychique : tu vas avoir un blocage concernant l'écoute de tes pensées. Tu vas avoir peur de faire confiance à tes pensées, à tes idées, et tu peux alors te laisser guider en permanence par les croyances limitantes qui vont te rassurer, car elles vont maintenir une zone de confort autour de toi. Tu peux aussi avoir des difficultés à écouter les autres, à accueillir et à accepter la critique constructive.
- Une faille d'ancrage : tu vas avoir un blocage concernant ton ancrage. Tu vas avoir des difficultés à te connecter à l'instant présent et à te sentir à ta place. Tu peux te sentir obligé de dépasser les limites des autres pour créer ton propre espace. Tu peux aussi te sentir en permanence rejeté par les autres et vouloir te cacher de l'extérieur. Tu peux avoir des difficultés à agir pour mettre en place ce qui est important pour toi. Tu peux être bloqué dans une énergie de retard et de stagnation.
- Une faille d'amour : tu peux avoir un blocage concernant l'amour. Tu vas avoir des difficultés à t'aimer et

à aimer les autres. Tu vas avoir des difficultés à créer des relations saines avec les autres. Cela peut créer des relations toxiques où tes limites sont dépassées et/ou où tu dépasses les limites des autres.

- Une faille communicative : tu peux avoir un blocage concernant ta communication. Cela peut créer des difficultés à communiquer avec toi de façon honnête et sincère. Tu peux aussi avoir des difficultés à communiquer de façon constructive avec les autres.
- Une faille intuitive : tu peux avoir un blocage concernant ton intuition. Cela va créer de grandes difficultés pour écouter la voix de ton âme. Tu vas être conseillé par ton mental plutôt que d'écouter tes ressentis et ton intuition. Tu vas avoir peur de faire confiance à la profondeur de ton être.
- Une faille d'équilibre : tu peux avoir un blocage qui t'empêche de lâcher prise et de t'adapter au monde extérieur. Tu peux alors avoir l'impression que tout est contre toi, que l'extérieur est dangereux et que tu ne peux pas réaliser ce que tu souhaites. Tu peux aussi essayer de tout contrôler et de ne pas faire confiance aux synchronicités.

La dualité

La dualité n'est pas une caractéristique de ton être, ce n'est pas un trait de personnalité. C'est un déséquilibre intérieur. C'est une perturbation de la connexion avec toi. La dualité est la conséquence d'un conflit intérieur. Ce conflit peut être énergétique, psychique ou émotionnel.

Les pensées, énergies et/ou émotions ont une vibration opposée, et elles s'entrechoquent entre elles. Cette dualité intérieure se répercute ensuite dans ton monde extérieur que ce soit par des quiproquos, des événements imprévus, des retards, etc.

Il n'y a pas qu'une forme de dualité: elle peut se manifester de façon généralisée comme elle peut être présente dans un seul domaine. Elle peut être temporaire comme elle peut être permanente. La dualité résulte d'un conflit intérieur faisant suite à la peur de faire un choix. Par exemple, quand tu ne sais pas quelle énergie ou quelle pensée nourrir en toi, quand tu ne sais pas comment réagir à tes émotions.

Voici quelques exemples de dualités que tu peux ressentir:

- La dualité émotionnelle. Il y a un conflit au niveau de tes réactions émotionnelles. Tu ne sais pas quelle réaction choisir quand tu ressens une émotion. Tu ne sais pas si tu dois adopter une réaction que tu connais depuis longtemps qui fait écho au passé ou si tu te laisses la possibilité de réagir d'une nouvelle façon. Cela crée un conflit et tu peux alors te sentir parasité, bloqué, voire sidéré, quand une émotion forte arrive, car tu ne sais pas comment réagir.

- La dualité énergétique. Il y a un conflit au niveau de ta circulation énergétique. Cela peut être à cause d'un déséquilibre d'un ou de plusieurs chakras, d'un manque d'ancrage, de fuites énergétiques, d'utilisation non adaptée de tes outils spirituels, de résistances énergétiques. Tu peux le ressentir au niveau physique, lors de tes pratiques spirituelles ou quand tu es confronté à de nombreux événements imprévus, blocages, retards, etc.

- La dualité intuitive. Il y a un conflit au niveau de ton mental et de ton intuition qui entrave leurs conseils. Cette dualité peut être présente, car tu as peur de faire confiance à ta voix intérieure, à ton âme et à tes ressentis. Quand tu as peur du changement et de sortir de ta zone de confort, ton mental peut te conseiller. Cela perturbe la connexion avec ton intuition et cela crée une dualité.

- La dualité psychique. Il y a un conflit au niveau de tes pensées entre tes croyances limitantes et tes pensées créatrices et positives. Tes croyances limitantes peuvent prendre le dessus et te conseiller, cela fige tes énergies et les événements extérieurs. Tu peux avoir peur de faire confiance aux pensées positives, qui pourtant se manifestent à toi, et cela crée cette dualité psychique. Cela peut être aussi un conflit entre deux pensées diamétralement opposées. Une vient remettre en question l'autre et crée une dissonance cognitive.

- La dualité relationnelle. Il y a un conflit entre deux schémas relationnels bien différents, entre d'anciens schémas relationnels qui étaient négatifs pour toi et les nouveaux auxquels tu as peur de faire confiance. Cette dualité peut influencer ta communication, tes réactions et tes actions dans tes relations.

La dualité n'est donc pas un blocage à proprement parler : c'est une alerte positive. Elle t'aide à comprendre qu'actuellement il y a des choses qui se passent en toi, que tu es dans une phase d'indécision, que tu as un conflit intérieur. L'écouter en tant qu'alerte t'aide à avancer à ton propre rythme, selon tes propres besoins et attentes.

Quand on parle de dualité, très souvent, on a tendance à vouloir s'en libérer, mais ce n'est pas la clef. Car si tu n'as plus de moments d'écoute de cette même dualité, comment vas-tu savoir que tu es dans une phase de doutes ? Comment vas-tu cerner ce dont tu as besoin ? Comment vas-tu prendre le temps d'observer les différentes situations pour savoir celle qui est bénéfique pour toi.

La dualité peut être perçue comme un signe, un signe que tu ouvres la porte au changement, au renouveau et à l'inédit. Un signe qu'une partie de toi résiste à cela. Un signe que tu es invité à prendre du temps pour comprendre ce que tu souhaites et ce que tu vibres.

Les carapaces

Une carapace est une protection bloquante. C'est une protection entre toi et les autres. Une carapace t'aide à te sentir en sécurité. Elle te bloque dans une zone de confort figeante mais elle t'aide à te sentir protégé. Elle t'aide à préserver une partie de ton être qui te semble en danger.

Très souvent, quand tu mets en place une carapace, tu cherches à fuir un danger ou une souffrance intérieure.

Tu ne crées pas ce blocage gratuitement. La mise en place d'une carapace est très souvent liée à la peur : la peur d'un danger, la peur d'une souffrance, la peur de ne pas contrôler les choses, la peur d'être submergé, etc. Mais une carapace peut perturber ton équilibre intérieur. Elle peut créer de nombreux blocages énergétiques.

Vouloir te libérer de ces blocages sans comprendre pourquoi tu as mis en place ces carapaces est une fuite en avant. Si tu ne comprends pas de quoi tu as peur et pourquoi, tu ne vas pas réussir à enlever la carapace présente. Chercher à la libérer sans la comprendre va te demander beaucoup de temps et d'énergies. Tu vas être épuisé et elle sera toujours présente.

Une carapace peut être présente au niveau de ton :

- Chakra racine : tu peux avoir de grandes difficultés à avancer dans tes projets et tu peux avoir des difficultés à avancer dans ta vie extérieure. Tu peux avoir de grandes difficultés à oser, à faire le premier pas, à ouvrir un nouveau chapitre de vie, à clôturer des chapitres de ton passé.
- Chakra sacré : tu peux avoir de grandes difficultés à écouter tes émotions. Tu vas avoir de grandes difficultés à équilibrer tes réactions émotionnelles. Tu vas refouler tes émotions. Tu vas éviter leurs messages et leurs alertes.

- Chakra du plexus solaire : tu vas avoir de grandes difficultés à écouter tes pensées, à faire confiance à tes idées et à créer un calme intérieur.
- Chakra du cœur : tu vas avoir de grandes difficultés à créer des relations saines et sereines sur le long terme. Tu vas avoir de grandes difficultés à partager avec confiance avec l'extérieur.
- Chakra de la gorge : tu vas avoir de grandes difficultés à communiquer avec toi, avec les autres et avec tes guides.
- Chakra du 3e œil : tu vas avoir de grandes difficultés à écouter ton intuition. Tu vas avoir de grandes difficultés à faire confiance à tes ressentis intérieurs.
- Chakra coronal : tu vas avoir de grandes difficultés à lâcher prise, à prendre du recul et de la hauteur. Tu vas avoir de grandes difficultés à faire preuve de discernement.

Quand une ou plusieurs carapaces sont présentes, tu peux :

- Ressentir une grande fatigue physique, émotionnelle, psychique et énergétique. Quand une carapace est présente, cela crée une dualité intérieure. Cela crée une lutte intérieure. Ce n'est pas naturel pour ton corps et tes énergies d'avoir cette carapace. Cela peut créer une grande fatigue, car d'une part tes énergies ne sont pas harmonieuses, et d'autre part cela te demande beaucoup d'énergies pour maintenir cette carapace.

- Être en hypervigilance. Tu crées une carapace quand tu as peur, quand tu te sens en danger. Tu es en alerte permanente. Tu vas observer tout ce qui se passe autour de toi avec attention et méfiance. Tu peux créer de nombreuses suppositions pensant que le danger rôde autour de toi. Tu vas interpréter chaque événement comme un signe que tout est contre toi. Tu vas te méfier de tout ce qui t'est inconnu. Tu vas te méfier des synchronicités et des surprises.

- Avoir de grandes difficultés à vivre l'instant présent. Tu as de grandes difficultés à créer ton propre bonheur et à profiter des belles choses qui t'entourent. Tu n'arrives pas à être joyeux. Tu n'arrives pas à profiter des expériences. Tu n'arrives pas à te reposer. Tu n'arrives pas à être calme et serein.

- Avoir des difficultés à te remettre en question. Quand tu crées une ou plusieurs carapaces, tu te protèges de toi-même. Tu n'as plus d'espace pour te remettre en question. Tu n'as plus d'espace pour écouter tes réflexions intérieures. Tu n'as plus d'espace pour te découvrir et pour te comprendre.

La P.R.O.P.R.E méthode appliquée aux blocages avec mon identité

Maintenant que nous avons identifié les différentes manifestations des blocages avec ton identité, posons-nous la première question.

Avant de te demander comment te libérer de ces schémas, demande-toi :

Pourquoi ?

C'est normal et humain, avant de te demander « Pourquoi ? », que tu veuilles te poser la question : « Comment m'en libérer ? ». Surtout dans la société actuelle où la performance est mise en avant, et où il faut toujours être dans l'action et dépasser nos propres limites. Cependant, il est très important d'écouter l'alerte au lieu de chercher à la fuir. Cela t'aide à t'accepter et à accueillir tes ressentis.

Prends le temps dont tu as besoin pour te poser honnêtement cette question. Voici quelques exemples :

« Pourquoi suis-je dans un blocage avec mon identité ? »

« Pourquoi est-ce que je souhaite me libérer de ce comportement ? »

« Pourquoi ai-je peur de la réussite ? »

« Pourquoi ai-je l'impression de ne pas mériter de belles choses ? »

« Pourquoi ai-je peur de sortir de ma zone de confort ? »
« Pourquoi est-ce que je ressens un déséquilibre ? »
« Pourquoi ai-je du mal à me sentir à ma place ? »

Pour t'aider à y répondre, voici quelques pistes de réflexion :

Les blocages avec ton identité peuvent avoir plusieurs causes. Cette liste n'est pas exhaustive, c'est pour t'aider à répondre aux questions que tu te poses.

- La peur du changement et du renouveau. C'est humain d'avoir peur de ce que l'on ne connaît pas. C'est une forme de protection de soi. Cependant, cette peur du changement peut t'enfermer dans une zone de confort qui va devenir étouffante. Cette peur de l'inconnu peut te figer, et tu peux alors être dans des blocages avec ton identité pour rester dans une forme de sécurité intérieure et extérieure. Tu peux commencer des actions, mais tu vas t'arrêter dès que le changement sera proche de toi, dès que tu seras dans l'énergie de renouveau et d'inédit.
- Le manque d'ancrage. Et c'est aussi pour cela qu'il est très important de l'écouter en tant qu'alerte positive. Quand tu n'es pas ancré, tu disperses tes énergies et tes actions. Tu peux avancer dans différentes directions, commencer de nombreuses choses en dépassant tes limites et en dépensant beaucoup d'énergies sans avoir de résultats concrets.
- Le manque de connexion émotionnelle. Une émotion est un moteur. Elle t'aide à avancer et à créer. Quand

tu n'écoutes pas tes émotions, quand tu ne fais pas confiance à leurs alertes et à leurs conseils, tu n'écoutes pas tes besoins et tes limites. Tu n'avances pas à ton rythme. Tu peux même créer des conflits intérieurs.

- La source karmique. Ton âme peut être marquée par des expériences intenses et négatives de vies antérieures. Ton âme a pu prendre des décisions qui ont été négatives pour son avancée. Ton âme a pu faire des choix impliquant des expériences douloureuses. Elle peut être marquée par des déceptions profondes et elle n'a plus confiance en elle. Elle a aussi très peur du monde extérieur. Elle a peur de faire confiance à l'inconnu, à l'inédit et au renouveau. Si ton âme a vécu des expériences très pénibles dans ses anciennes vies, elle peut douter de son propre bonheur et de ses propres capacités. Cette source, que tu n'es pas obligé d'identifier, doit simplement te permettre de mieux comprendre les alertes de ces schémas et la nature de la relation que tu entretiens avec eux. Il ne s'agit pas d'une fatalité, mais ce ne doit pas non plus être une excuse pour fuir le travail sur toi. Ton âme a besoin de créer de nouveaux schémas pour créer une nouvelle relation avec elle-même et avec les autres. Tu peux ainsi créer de nouvelles bases d'ancrage équilibrées. Le but n'est pas de chercher des excuses, le but est de comprendre les blocages que tu as avec toi-même.

- La mémoire transgénérationnelle. Tu peux porter un poids énergétique qui ne t'appartient pas. Il appartient à ta famille. Une mémoire transgénérationnelle est une mémoire qui se transmet de génération en génération. Tes ancêtres familiaux ont pu vivre des expériences pénibles. Ces expériences se sont transformées en mémoires qui perturbent tes énergies aujourd'hui et qui peuvent t'influencer inconsciemment, te faire douter de toi et de tes capacités. C'est une blessure qui ne t'appartient pas personnellement. Elle t'a été transmise par ta lignée familiale. Ce n'est pas une fatalité, ni une forme d'emprise. Nuance ce que je vais te dire, mais ton âme n'a pas choisi ta famille terrestre par hasard. J'en parle plus en détail dans *Le Guide du Lightworker*. Cela peut être présent en toi sans être directement lié à ton vécu personnel. De nouveau, on ne cherche pas d'excuses, on étudie les différentes pistes pour comprendre la source de tes blocages avec toi-même.

- La blessure de l'enfance. Que ce soit dans la sphère familiale ou scolaire, tu as pu grandir et te construire en te confrontant à de nombreuses expériences dévalorisantes. Tu as pu éponger le cadre de référence de tes parents qui n'étaient pas forcément bienveillants à ton égard. Tu as pu voir ton entourage parler d'échecs ou tu as pu éponger leur propre façon d'avancer. Des expériences vécues fragilisent en profondeur et peuvent créer un grand manque de confiance en soi. Elles peuvent devenir des bases d'ancrage. Au lieu de grandir sur des bases intérieures saines, tu développes alors ta personnalité sur des bases fragilisées. Si on t'a reproché des choses quand tu étais toi-même, tu peux avoir peur de toi ou douter de tes capacités. Tu peux chercher à te fuir. Tu vas mettre en place des schémas pour plaire aux autres, pour rentrer dans un standard qu'on t'a demandé de respecter, pour être dans la norme. Tu peux aussi avoir l'impression qu'il te manque toujours quelque chose, te sentir en permanence figé par la peur et créer des relations toxiques avec les autres. Ou encore, tu peux chercher ou fuir la perfection dans tout ce que tu fais. Tu peux chercher à plaire à tout le monde, être le salarié parfait, la petite copine parfaite, le citoyen modèle, et tu peux te punir si tu n'y arrives pas en ressentant une puissante culpabilité. Une blessure est une marque à vie. C'est une cicatrice qui ne part jamais. Ces blessures peuvent te faire souffrir ou te faire peur. Tu peux chercher à les fuir.

- Le traumatisme. Un choc traumatique est une empreinte psychologique permanente qui fige tes énergies. Un événement traumatique crée ainsi un grand déséquilibre. Cela peut être une séparation, une perte de travail, une maladie, un accident ou une expérience brutale. Cet événement traumatique va créer une perte de sens intérieur et extérieur. Tu peux perdre tes bases et avoir l'impression de ne plus savoir ce dont tu as besoin, ce que tu veux, ce qui est bénéfique pour toi. Quand les blessures liées à un traumatisme te conseillent, elles peuvent créer des schémas de dépendance. Elles peuvent créer des schémas relationnels et de fonctionnement négatifs et bloquants. Ces blessures peuvent t'empêcher de t'affirmer, et elles peuvent t'empêcher de dire « non » ou d'exprimer clairement tes besoins et tes attentes. Tu peux chercher à fuir ces blessures en développant des mécanismes pour te protéger de tes propres failles.

- Un deuil non effectué. Cela peut se produire à la suite d'un décès ou d'une rupture que tu n'acceptes pas. Tu projettes l'énergie de cette relation ou de ce traumatisme sur ton présent. Tu as des réactions très fortes et déséquilibrées pour prévenir la séparation ou faire face à la perte, car tu avances en étant conseillé par l'énergie de deuil. Tout va être perçu comme une fin. Tu peux refuser de faire son deuil. Tu as le droit. C'est ton chemin et ton rythme. Sache qu'en refusant ce deuil tu peux refuser des parties de toi-même. Tu peux refuser la tristesse et fuir cette émotion, tu peux refuser de t'ancrer dans cet instant présent que tu n'acceptes pas, tu peux refuser d'avoir des pensées positives pensant que c'est trahir cette ancienne situation et relation, tu peux refuser de lâcher prise et tout faire pour retrouver cette situation ou relation perdue. En étant dans ce refus, tu vas fuir des parties de toi-même.

- L'entourage. Nos relations peuvent avoir un grand pouvoir sur nous. L'entourage proche ou lointain tout comme la société peuvent créer une grande pression intérieure. Tu as pu ou peux aussi être en contact avec des personnes guidées par leurs propres croyances limitantes. Si ton ego est déséquilibré, si tu es dans des schémas de dépendance ou si tu es fatigué, tu peux les éponger et elles peuvent devenir ta vérité. Tu peux alors douter de ton identité, de tes capacités et de tes compétences. Les injonctions familiales ou les injections sociétales, le conditionnement ou les normes relationnelles peuvent te déconnecter de tes propres besoins, de tes propres attentes et de tes propres ressources.

- L'instant T. Tu peux vivre une phase de transformation, de reconstruction, de changement intérieur très important. Cela peut modifier en profondeur ta façon d'avancer, de voir le monde extérieur. Cela peut questionner l'intérêt de tes anciennes décisions. Cela peut créer une grande remise en question. Tu peux vivre actuellement de nombreux événements imprévus, des déceptions, des retards dans tes projets, des ruptures, des deuils. Cela peut créer une grande souffrance intérieure. Tu peux être fatigué physiquement, mentalement et énergétiquement. Tu peux te sentir impuissant à créer ce que tu souhaites. Tu peux le vouloir, mais tu n'as pas les ressources actuellement pour créer ce que tu souhaites. Tu peux avoir des difficultés à écouter tes pensées créatrices et positives. Tu n'as pas de ressources pour cela. Dans ces moments-là, tu peux souhaiter te libérer de ce blocage avec ton identité. Mais si on prend du recul, il est la conséquence de ta fatigue. T'en libérer sans prendre soin de toi, c'est épuiser tes ressources que tu n'as déjà plus. T'obliger à exercer des protocoles ou chercher la méthode miracle, c'est de nouveau épuiser des ressources qui ne sont plus là. Avec nuance, soit tu expérimentes dans la joie, soit tu expérimentes dans la douleur, mais dans tous les cas tu expérimentes. À ce moment-là, tu te reposes, tu prends soin de toi, tu acceptes la présence de ces blocages qui t'alertent de ton état fébrile et t'aident à comprendre tes besoins et tes limites.

- Ta partie sombre. Tu peux être conseillé par ta partie sombre. Rappelle-toi que ta partie sombre est positive comme alerte. Cependant, par moments, elle peut te conseiller. Elle va créer un brouillard autour de toi et tu vas avoir l'impression que tout est négatif, qu'aucun changement positif n'est possible, que rien ne va chez toi. Quand ta partie sombre te conseille, tu peux avoir envie de t'en libérer. Mais ses manifestations, ces schémas ne sont qu'un symptôme. Ce n'est pas sa libération qui va t'aider à créer une nouvelle relation avec tes pensées et avec toi-même. Ce n'est qu'une conséquence des conseils de ta partie sombre. La libération n'est pas du tout la solution. C'est la création d'une nouvelle relation avec ta partie sombre qui l'est.

Maintenant posons-nous la deuxième question :

Quelle est ma part de responsabilité ?

Pour comprendre pourquoi les blocages avec ton identité peuvent être puissants dans tes énergies et dans ton quotidien, il est très important que tu te demandes : « Quelle est ma part de responsabilité dans ce blocage avec mon identité ? »

Pose-toi cette question avec douceur et bienveillance. Le but n'est pas que tu culpabilises, ni que tu croise que tu fais mal les choses, mais que tu te révèles à toi-même. Rappelle-toi, tu fais le maximum avec les moyens que tu as.

La question ne concerne pas ta responsabilité dans les traumatismes que tu as vécus. Tu n'es pas responsable. Ta responsabilité concerne la place que tu laisses à ces traumatismes en toi. Ta responsabilité concerne l'utilisation de ces schémas pour te connecter à toi et pour avancer dans ta vie extérieure, que ce soit de façon consciente ou non.

Tu peux te poser des questions comme :

« Quelle est ma part de responsabilité concernant ce blocage ? »

« Quels sont mes bénéfices des blocages avec mon identité ? »

« En quoi cela m'aide à me sentir en sécurité ? »

« En quoi cela m'aide à rester dans ma zone de confort ? »

« En quoi cela m'aide à m'éloigner de l'inconnu et l'inédit ? »

Pour t'aider à y répondre, voici quelques pistes de réflexion :

- La zone de confort. Les blocages avec ton identité peuvent vraiment rassurer. Il est très important de l'admettre. Quand tu es dans les blocages avec ton identité, tu n'agis pas ou tu n'oses pas totalement. Tu restes protégé dans ta zone de confort, même si elle est étouffante. Tu peux rester et nourrir des schémas négatifs, car cela t'aide à ne pas te connecter au renouveau et à l'inédit. Cela t'apporte une forme de protection d'évoluer dans un environnement et des ressentis que tu reconnais.
- La fuite de soi. Se remettre en question ou tout simplement s'aimer peut être un processus compliqué. Faire preuve de bienveillance à son égard tout en prenant conscience de son imperfection peut être compliqué. Se dire qu'on n'est pas parfait peut être compliqué. Se dire qu'on peut créer de grandes choses peut être compliqué. C'est pour cela que tu peux toujours chercher des excuses en toi ou à

travers les autres. Cela ne veut pas dire que tu es une personne faible, cela veut juste dire que tu peux avoir des difficultés à te remettre en question. Les excuses peuvent t'aider à créer une forme d'équilibre intérieur. Cela t'aide à laisser de côté des informations intérieures que tu ne sais pas encore gérer. Cela t'aide à maintenir une certaine forme d'harmonie même si elle est précaire ou perturbée.

- Les moyens que tu as. Il est très important d'écouter ton propre rythme. Parfois, ce n'est pas le cas. Tu te calques sur le rythme des autres ou tu souhaites à tout prix avancer sans écouter tes besoins et tes limites. À ce moment-là, les manifestations des blocages sont très importantes. Elles t'aident à prendre conscience que tu n'avances pas en fonction de toi, en fonction de qui tu es et en fonction de ce que tu souhaites. Elles t'aident à faire une pause, à prendre soin de toi, à te reposer. Tu peux alors être dans les blocages avec ton identité de façon inconsciente, afin de te recentrer, pour que tu puisses t'écouter, pour que tu puisses te retrouver. Cela peut être un choix délibéré de ta part. Tu peux avoir de nombreux bénéfices secondaires par la manifestation de ces blocages (attention des autres, refus de tes émotions, pouvoir sur les autres, absence de remise en question, etc.). Cela ne fait pas de toi une personne malveillante ou faible. Rappelle-toi, tu fais le maximum avec les moyens que tu as. Tu peux décider de garder en toi tes failles et tu maintiens la douleur en toi. Cela ne veut pas dire que tu mérites ta souffrance intérieure ou que tu n'as pas le droit de t'en plaindre. Vraiment, tu fais le maximum avec les moyens que tu as.

- Les mécanismes de défense inconscients. Un mécanisme de défense est un processus mental qui s'active sans volonté consciente de ta part. Il aide à maintenir une forme de sécurité et de protection intérieure et extérieure. Quand tu as un blocage, tu peux chercher à fuir la douleur ou les répercussions négatives de sa présence. Les mécanismes de défense vont t'aider à le faire. Ils ne vont pas t'aider à guérir ou à créer une nouvelle relation avec ce blocage. Ils vont t'aider à fuir.

Objection ! Ou comment nuancer ?

La nuance est vraiment très importante pour te découvrir et pour t'écouter.

« Comment puis-je nuancer ma responsabilité avec ces blocages ? »

Accueille tes ressentis et tes réflexions avec douceur et bienveillance.

Pour t'aider à répondre à cette question, voici quelques pistes de réflexion :

- Nous vivons dans une société qui met en avant la performance. C'est presque tendance d'être dans la charge mentale. C'est tendance de ne pas avoir de temps pour soi. C'est tendance d'être overbooké. Ne rien faire est vu comme du laxisme et du laisser-aller. Nous vivons dans une société où les injonctions relationnelles, familiales, financières... sont nombreuses et créent un moule que l'on pense devoir intégrer pour être accepté par les autres, pour réussir et pour être heureux. C'est un moule unique et non modifiable. C'est toi qui dois te contorsionner pour t'adapter à ses dimensions. Cette pression sociale peut te paralyser. Elle peut aussi créer une grande comparaison aux autres et tu peux douter de toi, de ce dont tu es capable, de ce que tu peux accomplir. Tu peux avoir l'impression que tu n'avances pas assez vite, que tu ne fais pas assez de choses, que tu ne fais pas assez bien. Cela crée une grande peur qui peut t'empêcher d'oser et de franchir les différentes étapes. Tu peux alors te réfugier dans les blocages avec ton identité. Tu as besoin de calme. Tu as besoin de temps pour construire tes pensées et tes réflexions. Tu as besoin d'espace pour te concentrer sur toi. Tu vas avoir besoin de temps et d'espace pour créer de nouvelles bases intérieures.

- Dans notre société actuelle, la vulnérabilité peut être vue comme une faiblesse. Alors que c'est humain. Tu peux ressentir une grande honte et tout faire pour contrer cette vulnérabilité. Tu vas tout faire pour la cacher en mettant en place des comportements qui sont à l'opposé de qui tu es. Nous sommes des êtres avec des énergies en mouvement vivant dans un monde extérieur lui aussi en mouvement. Rien n'est figé, rien n'est acquis. Tu peux avoir de très nombreuses ressources aujourd'hui et en être dépourvu demain. Le but n'est pas de te blesser, le but n'est pas de te paralyser par la peur. Le but est de te découvrir et te connaître avec douceur et bienveillance. C'est très important que tu respectes tes ressources intérieures.

- Tu fais le maximum avec les moyens que tu as. Cette phrase est pour moi fondamentale. Tu n'es pas un robot qui appuie sur un bouton « acceptation de soi » et qui part vivre sa meilleure vie le sourire aux lèvres. La vie est une danse sous la pluie. Tu ne peux pas être toujours performant. Tu ne peux pas être toujours créatif. Tu ne peux pas toujours être dans l'action. Tu n'es pas une machine, ni un robot, il y a des jours plus compliqués que d'autres.

- Tu as besoin de temps. C'est très important que tu t'accordes ce droit, comme c'est important que tu acceptes ton imperfection. Tu ne peux pas être parfait à chaque instant. Tu ne peux pas toujours avoir des réactions émotionnelles adaptées, tu ne peux pas toujours faire preuve de justesse, tu ne peux pas toujours dire les mots qu'il faut. Tu es imparfait, et surtout tu es un subtil corpus complexe de ton vécu, de tes blessures, de tes besoins, de tes contradictions, de tes envies, de tes actions, etc. Alors parfois, le maximum que tu puisses faire, c'est de laisser tes blocages te conseiller, que ce soit sur une courte, moyenne ou longue durée. Cela ne fait pas de toi une horrible personne loin de là. Tu es juste une personne imparfaite qui fait le maximum avec les moyens qu'elle a. Accorde-toi ce droit, il t'appartient.

- Si tu as grandi en construisant ta façon de penser sur des blocages, tu vas avoir besoin de temps pour déconstruire tes bases intérieures. Ce n'est pas un outil magique ou une méthode miracle qui va t'apporter de nouvelles bases positives et sereines. Et si tu déconstruis trop rapidement, tu vas ressentir un grand vide intérieur et tu vas retourner dans ta zone de confort. Cela peut engendrer des pathologies comme des actions négatives pour ton bien-être. Il est très important que tu ailles à ton rythme et surtout que tu fasses preuve d'une grande douceur quand tu travailles sur toi. Il est très important que tu ne le fasses pas seul si tu ne t'en sens pas capable. Il est important que tu te sentes capable de le faire. Vouloir tout passer par la force, c'est te faire souffrir encore plus. Vouloir aller trop vite, c'est perturber tout ton équilibre intérieur, même si tu le trouves bancal. Tu peux entendre souvent parler de « déconstruction » dans le domaine spirituel. Déconstruire ne veut pas dire s'effondrer. Tu peux te découvrir et aller mieux sans te brutaliser. Le malheur et la souffrance ne sont pas le prix du bonheur. « C'est un mal pour un bien » est de nouveau une croyance limitante bien ancrée dans notre esprit. Chaque personne a une relation différente avec ses blocages, une source différente, une influence différente, une intensité différente. Tu as besoin de respecter tes ressources et tes limites pour écouter tes blocages comme alertes, surtout s'ils sont tes bases d'ancrage.

- Ne sous-estime pas la puissance de ton inconscient. Selon Freud, l'inconscient désigne une partie de notre psyché où sont stockés les souvenirs, les pensées, les désirs, les actions que nous pensons inacceptables ou qui perturbent l'équilibre de notre conscience. Tu n'as pas d'accès direct à ton inconscient. Tu ne peux pas le contrôler. Ton inconscient peut te guider et mettre en place des mécanismes de défense sans que tu t'en rendes compte. Le but n'est pas que tu dises : « OK, ce n'est pas ma faute, c'est mon inconscient. » Rappelle-toi, on nuance dans cette partie. Cependant, il est important de prendre conscience que ton inconscient est puissant et qu'il peut perturber la connexion avec toi et ta découverte intérieure. Ton esprit n'est pas un programme informatique que l'on code. Tu as des milliers de pensées conscientes qui sont le fruit de tes réflexions intérieures, mais tu en as des milliers d'autres inconscientes que tu ne contrôles absolument pas. Ces pensées peuvent jaillir à la suite d'un souvenir, d'une situation, d'un mot, d'une odeur, d'une image, etc. Tu ne peux pas contrôler toutes tes pensées. Ce n'est pas du tout une fatalité. Tu apprends à les accueillir et à les écouter différemment.

- Le bonheur peut faire peur, surtout quand tu n'as pas l'habitude. Tu peux avoir peur d'être bien, de se sentir bien, d'être fier de toi, de réaliser ce que tu souhaites. Les blocages avec ton identité peuvent t'aider à fuir ce bonheur qui te paraît incertain, voire utopique. Tu peux aussi avoir l'impression de ne pas le mériter, alors tu l'éloignes de toi. L'autosabotage peut t'aider à le faire.

- Quand tu t'ouvres à la spiritualité, tu peux créer un déséquilibre tout en pensant que tu fais le contraire. Tu peux lire qu'il faut te libérer de tes blocages pour retrouver ton essence. Tu n'as que l'embarras du choix : des protocoles, des objets magiques, des conseils de positivité toxique, des formations, des stages, etc. Tu vas suivre tous les rituels et les préceptes de personnes que tu penses de confiance ou expérimentées. Tu vas être dans un grand mimétisme sans remettre en question ce que tu lis, ce que tu vois ou ce que tu entends. Tu ne vas plus être à l'écoute de tes propres besoins, mais tu vas suivre ce qu'on te dit de faire ou de penser. Tu peux aussi créer un ego spirituel où tu vas croire que tu détiens la vérité vraie, que ta façon de faire est celle de tous, que tu es la lumière qui combat l'ombre et tu vas renier tout ce qui te contredit. Voilà le déséquilibre. Toute personne enseignant la spiritualité a sa responsabilité dans ce déséquilibre. Certaines personnes vont le créer, car elles sont sciemment attirées par la gloire, par l'appât du gain ou par une faille narcissique. D'autres ne vont pas s'en rendre compte. Il est très important de toujours faire preuve de discernement par rapport aux contenus que tu consommes pour créer un nouvel équilibre.

À partir d'ici, je vais détailler les enseignements et les actions à mettre en place pour chacun des blocages de façon distincte.

PÉDAGOGIE

Quels sont les enseignements de l'autosabotage ?

L'autosabotage t'apprend de nombreuses choses. C'est pour cela qu'il est très important de ne pas chercher à le libérer avant de l'écouter. C'est pour cela que son alerte est précieuse. C'est pour cela que c'est important que tu te poses ces questions.

Alors, pose-toi cette question :

« Que m'apprend l'autosabotage ? »

Pour t'aider à répondre à cette question, voici quelques pistes de réflexion :

- L'autosabotage t'aide à prendre conscience que les mauvais choix n'existent pas. Il t'aide à prendre conscience que tu n'échoues pas. Tu expérimentes, tu essayes, tu tentes, tu oses. Quand il est présent, il t'aide à prendre conscience que tu es trop centré sur cette notion d'échec, et il t'invite à te recentrer et à te concentrer sur tes désirs, tes envies, tes projets et tes rêves. Il t'invite à prendre conscience que tu laisses ta partie sombre te conseiller, et il t'invite à laisser une nouvelle place à tes pensées inspirantes et positives.
- L'autosabotage t'aide à prendre conscience de la place que tu laisses à tes blessures. Quand tu essayes de tout faire seul, quand tu as l'impression que tu ne peux pas demander de l'aide pour la réalisation d'un projet, quand tu as l'impression que la réussite passe par la douleur et par le combat, cela t'aide à prendre conscience que tes blessures te conseillent. L'autosabotage t'invite alors à travailler sur toi, à comprendre ce que tu nourris en toi, à comprendre comment tu réagis. L'autosabotage t'invite à faire une pause pour redécouvrir ton identité et ta personnalité.

- L'autosabotage t'aide à prendre conscience de l'estime et de la confiance en toi. Quand tu laisses l'autosabotage t'alerter, tu te rends compte que tu n'as pas confiance en toi, tu te rends compte que tu te sous-estimes, tu te rends compte que tu te critiques bien trop souvent. C'est une alerte positive qui t'aide à repartir à la conquête de l'amour de toi-même.

- L'autosabotage t'aide à prendre conscience de ton propre rythme. Parfois, il est présent, car tu as besoin de repos, tu as besoin de te recentrer, tu as besoin de te retrouver. L'autosabotage est alors une très bonne alerte pour que tu puisses questionner tes propres désirs et tes propres envies. Il t'invite à avancer à ton propre rythme.

- L'autosabotage t'aide à prendre conscience que tu peux avoir des habitudes de vie, de pensées et de consommation négatives pour toi. Il t'aide à modifier ta routine et ton quotidien pour te connecter pleinement à ton plein potentiel et pour respecter tes besoins et tes limites. Il t'aide à prendre conscience de ce qui est bénéfique pour toi.

- L'autosabotage t'aide à prendre conscience de ton organisation. Il t'aide à te rendre compte que tu n'as pas forcément l'organisation adéquate pour réaliser ce que tu souhaites tout en respectant tes besoins et tes limites. Il t'aide à modifier ta routine pour créer ce que tu souhaites tout en respectant tes propres limites.

RÉSOLUTIONS

Quelles actions puis-je mettre en place ?

Avec douceur et bienveillance, demande toi :

« Quelles actions puis je mettre en place pour créer une nouvelle relation avec l'autosabotage ? »

Accueille tes ressentis et tes réflexions avec justesse et honnêteté.

Pour t'aider à répondre à cette question, voici quelques pistes de réflexion :

- Tu peux lister les actions que tu souhaites mettre en place pour réaliser ce qui est important pour toi. Détermine le temps dont tu as besoin pour chaque action. Définis celles qui sont prioritaires. Ensuite, concentre-toi sur une action à la fois. Ne pense pas aux autres. Tu te concentres uniquement sur ce que tu réalises. Quand c'est terminé, tu te concentres sur l'action suivante. Plus tu vas te concentrer sur l'action, plus tu vas t'ancrer dans l'instant présent et tu vas te détacher de l'issue potentielle de tes réalisations.
- Tu peux demander de l'aide à une personne de confiance qui peut t'aider à prendre conscience du parcours que tu as entrepris. Cette personne peut s'engager envers toi pour te rappeler tout ce que tu as déjà réalisé et pour t'aider à te souvenir de tes capacités et de ton potentiel intérieur.
- Quand l'autosobotage est là, ne le fuis pas. Prends un temps de pause pour avoir du recul sur ce que tu

es en train de faire. Demande toi si cela est bien en accord avec tes souhaits, demande toi si tu avances à ton rythme, si tu es toujours en accord avec tes convictions et avec tes valeurs. Si la réponse est oui, concentre toi sur tes actions. Rappelle toi que ce qui compte, ce n'est pas la destination, mais le voyage.

- Tu peux créer un ou plusieurs mantras qui vont t'aider à rester dans l'action. Pour rappel, un mantra est une phrase courte au présent simple. Cela peut être « je suis capable », « j'avance à mon rythme », « j'ai un grand potentiel ». Quand tu sens des tensions intérieures, tu peux prendre un temps de pause et respirer profondément en répétant ce mantra. Cela ne va pas libérer ton autosabotage. Cela va t'aider à te recentrer sur l'instant présent.

Les croyances limitantes, page 171 ; le syndrome de l'imposteur, page 176 ; le doute, page 180 ; l'ego et la faille narcissique, page 185 ; la dualité, page 193 ; les carapaces, page 196.

PÉDAGOGIE

Quels sont les enseignements des croyances limitantes ?

Avec douceur et bienveillance, demande-toi :

> **« Quels sont les enseignements de mes croyances limitantes ? »**

Accueille tes ressentis et tes réflexions intérieures avec honnêteté et justesse.

Pour t'aider à répondre à cette question, voici quelques pistes de réflexion :

- Une croyance limitante est une alerte importante. Le but n'est pas de t'en libérer, ce n'est pas possible. Le but est de t'en servir comme indicateur de ton niveau de ressources. Quand tu les écoutes comme alertes, ce sont des pistes de réflexion pour comprendre comment tu vas, comment tu te sens, comment tu avances. Tu vas accueillir les phases où elles sont intenses et puissantes pour faire une pause et pour comprendre ce qu'il se passe en toi et dans ta vie extérieure. Te libérer de tes croyances limitantes est une utopie. Tu penses tout le temps, écoute tes pensées d'une nouvelle façon qu'elles soient positives ou négatives. Cela va t'aider à créer une nouvelle relation avec toi-même et cela va t'aider à créer ta propre liberté.
- Il est très important de questionner le fondement et la source de nos pensées. L'esprit critique et la spiritualité ne sont pas deux mondes qui s'affrontent. L'esprit critique, c'est le fait d'accepter une information après l'avoir vérifiée et analysée. La spiritualité n'est pas un monde de pensées limitantes. L'esprit critique et la spiritualité peuvent se compléter et vivre ensemble. Il est très important de questionner sa façon de penser. Le but est de le faire de façon équilibrée. Plus tu vas questionner tes pensées, plus tu vas définir leur source, leur but, leur influence sur ta psyché, et plus tu vas t'aider à laisser la place à tes pensées positives, créatrices et personnelles.

- Ton principal guide, c'est toi. Dans la spiritualité, on peut s'intéresser à ses ressentis ou à son intuition et on peut laisser de côté ses propres réflexions. On peut abandonner ses pensées personnelles pour les remplacer par des certitudes et par des croyances limitantes. On peut tellement rechercher la connexion divine qu'on en oublie sa propre conscience et sa propre capacité de raisonnement. Ton intuition n'est pas supérieure à ta psyché. Ce sont deux modes d'interaction avec toi-même. Tu es guidé par ton âme mais aussi par tes pensées. Les deux ont un rôle important à jouer. Laisse la place à tes pensées, à tes réflexions et à tes questionnements intérieurs. Ne cherche pas uniquement le flash, la révélation spirituelle ou la connexion intuitive. Tes pensées ont beaucoup de conseils, d'informations et de prises de conscience à te transmettre.
- Une croyance limitante a la place que tu lui laisses. Je ne cherche pas à te culpabiliser en te disant cela. Plus tu vas donner de la crédibilité à une croyance limitante, et plus elle sera puissante. Plus tu vas la répéter chaque jour, et plus elle sera présente. Ne te force pas à la refouler. Questionne sa source, questionne son influence, questionne le pouvoir que tu lui donnes. Une croyance limitante ne s'évite pas. Tu crées une nouvelle relation avec elle. Plus tu vas la considérer comme une alerte, moins elle sera puissante, moins elle sera récurrente, moins elle t'influencera. Tu vas créer de la place pour tes questionnements, tes pensées et tes réflexions personnelles.

Posons-nous maintenant la dernière question :

RÉSOLUTIONS

Quelles actions puis-je mettre en place ?

Avec douceur et bienveillance, demande-toi :

« Quelles actions puis-je mettre en place pour créer une nouvelle relation avec mes croyances limitantes ? »

Accueille tes ressentis et tes réflexions intérieures avec honnêteté et sincérité.

Pour t'aider à répondre à cette question, voici quelques pistes de réflexion :

- Accueille tes croyances limitantes. Ne les évite pas. Tu peux les écrire quand elles sont présentes. Les accueillir ne veut pas dire être influencé par elles. Juste, écris-les et écris ce que tu ressens quand elles sont présentes.
- Demande-toi ensuite depuis quand elles sont là et quelles sont leurs sources. Remémore-toi les actions que tu as mises en place à la suite de leurs conseils et demande-toi si cela est positif pour toi ou pas.
- À chaque croyance limitante, pense à un événement qui la contredit. Tu peux aussi l'écrire. Par exemple, tu as la croyance limitante : « Dès que je suis en retard, tous les feux sont rouges. » Remémore-toi toutes les fois où tu as été en retard mais où les feux

étaient verts et la circulation routière fluide. Cela va t'aider à sortir du cercle vicieux de la généralisation.

- Remplace cette croyance limitante par une pensée personnelle, créatrice et rationnelle. Une pensée qui est en accord avec ton environnement extérieur. Par exemple : « Dès que je suis en retard, tous les feux sont rouges. » Tu peux remplacer cette phrase par : « Dès que je suis en retard, je suis stressé et je m'énerve face à la circulation. Je fais le maximum pour lâcher prise, car je ne contrôle pas la circulation routière. »

- Détermine et mets en place une action concrète sur un court terme en lien avec cette nouvelle pensée. Par exemple : « Dès que je suis en retard, tous les feux sont rouges. » Tu peux t'engager à prendre de grandes inspirations et expirations à chaque feu rouge au lieu de t'énerver et de te dire que le monde extérieur est contre toi. Dès que tu prends ta voiture, respire profondément à chaque feu rouge même si tu n'es pas en retard.

- Tu peux demander de l'aide à une personne expérimentée pour créer une nouvelle relation avec tes croyances limitantes si tu n'y arrives pas seul. Cela va t'aider à avoir des conseils et des outils adaptés à ta sensibilité pour écouter tes pensées d'une façon différente. Tu as pu lire ou entendre que ton cerveau est un muscle et que tu peux l'entraîner comme le reste de tes muscles à la salle de sport. Ce n'est pas vrai. Le cerveau ne se comporte pas comme un muscle. Il est beaucoup plus complexe que cela. En revanche, ton cerveau possède une plasticité neuronale, c'est-à-dire que ces mécanismes de fonctionnement peuvent se modifier. Pas forcément avec un programme de vingt et un jours, pas forcément avec un protocole, pas forcément avec un mantra. Ton cerveau est complexe. Pour travailler ta plasticité neuronale, tu vas avoir besoin d'un ensemble de méthodes adaptées à ta sensibilité. Cela peut être une thérapie cognitivo-comportementale, l'apprentissage d'une nouvelle capacité ou compétence, l'apprentissage d'un nouvel instrument de musique, la lecture, les voyages, etc.

- Lâche prise. Je sais, personne n'aime ce conseil, mais il est vraiment très important. Plus tu vas lâcher prise, et plus tu vas t'adapter au monde extérieur et à son impermanence plutôt que de penser qu'il est contre toi. Tu vas prendre conscience que la seule chose que tu contrôles, c'est ce que tu nourris en toi et les actions que tu mets en place.

PÉDAGOGIE

Quels sont les enseignements du syndrome de l'imposteur ?

Le syndrome de l'imposteur t'apprend de nombreuses choses en tant qu'alerte.

Pose-toi cette question :

« Que m'apprend le syndrome de l'imposteur ? »

Pour t'aider à y répondre, voici quelques pistes de réflexion :

- La réussite est une construction personnelle. Elle ne dépend pas d'une liste exhaustive de choses à avoir, d'une façon d'être et de choses à faire. Ce n'est pas parce que ton chemin est différent des autres que tu ne réussis pas. Tu as ta propre définition de la réussite et elle t'appartient. La réussite n'est pas non plus en lien avec la réalisation de choses extraordinaires. La réussite est la création de ton propre chemin, et rappelle-toi que ce chemin n'est pas une ligne droite, il y a beaucoup de virages et de changements de directions. C'est la vie.
- Les autres te regardent en fonction de leur propre cadre de référence et de leurs propres projections. Tu n'es pas ce que les autres voient de toi. Tu n'es pas ce que les autres pensent de toi. Tu n'es pas ce que les autres attendent de toi. Tu peux avoir peur du jugement et de la critique des autres. Tu peux aussi avoir peur de décevoir les autres. Rappelle-toi de l'effet miroir et rappelle-toi que ce qui compte, c'est le regard que tu te portes. Plus tu respectes tes besoins et tes propres limites ainsi que les limites des autres, plus tu peux tout faire, tout vivre, tout être. C'est toi qui décides de l'impact du regard des autres sur toi, que ce regard soit un regard d'amour ou de haine. Tu décides de l'accueil de ce regard et de sa place dans tes énergies.
- La vie n'est pas binaire. Ce n'est pas parce que tu reçois des résultats positifs à tes actions ou que tu

reçois des compliments que tu vas être obligé de recevoir du négatif par la suite. Ce n'est pas parce que de belles surprises se présentent que des événements imprévus se cachent derrière. Ce n'est pas parce que tu réussis que tu vas chuter ensuite. Le monde n'est pas binaire. Il n'y a pas un prix à payer pour être heureux et réussir. Il y a parfois des efforts à faire, de la persévérance à avoir, des compromis à mettre en place, des remises en question à ressentir, mais il n'y a pas de prix à payer pour réussir et pour être heureux. Ce sont des constructions personnelles et non des sacrifices à faire.

- Dans la vie, rien n'est acquis, et il est très important d'en avoir conscience. Nos énergies et le monde extérieur sont en perpétuel mouvement. Rien ni personne ne peut te promettre que demain sera une journée identique à celle d'aujourd'hui. Prendre conscience que tout est une question d'adaptation, que tout est une question de création de bases intérieures pour s'adapter au monde extérieur est quelque chose de très important.

Posons-nous la dernière question :

RÉSOLUTIONS

Quelles actions puis-je mettre en place ?

Maintenant que tu as eu ces prises de conscience, je t'invite à agir.

Je t'invite à mettre en place des actions pour t'affirmer et pour faire confiance à ton originalité. Alors, dis-moi :

« Quelles actions puis-je mettre en place pour ne plus être guidé par le syndrome de l'imposteur ? »

Pour t'aider à répondre à cette question, voici quelques pistes de réflexion :

- On est souvent très doué pour énumérer ses défauts, on peut facilement énumérer ce qu'on pense être des échecs, on peut décrire tout ce qui ne nous convient pas chez nous et même chez les autres. Mais on peut avoir des difficultés à reconnaître ce qu'on considère comme des réussites, on peut se sentir gêné d'identifier nos qualités, on peut avoir peur de décrire tout ce qu'on aime chez soi. Chaque jour, tu peux prendre le temps d'énumérer à l'oral ou à l'écrit tes réussites, ce pour quoi tu es fier, ce que tu aimes chez toi, ce que tu as réussi à mettre en avant. Cela peut t'aider à créer une nouvelle relation avec toi et, donc, à trouver ta place dans ton monde extérieur.
- Chaque jour, tu peux prendre quelques minutes pour ne rien faire ou pour faire quelque chose rien que pour toi. Tu as le droit de dormir, de sortir, de rire, de lire ou de faire tout autre chose qui t'apporte un vrai bien-être. Accorde-toi ces quelques minutes par jour pour créer une nouvelle relation avec toi-même.
- Accepte tes croyances limitantes quand elles sont présentes. Accepte les moments où les doutes te paralysent. Accepte les moments où tu as l'im-

pression que tu n'es pas à ta place. Cela va t'aider à accueillir ta partie sombre d'une nouvelle façon et cela va t'aider aussi à t'accepter tel que tu es. Nous sommes des êtres imparfaits qui faisons le maximum avec les moyens qu'on a. Accorde-toi cela. C'est très important.

- Demande de l'aide si tu en ressens le besoin. Cela peut t'aider à avoir un autre regard sur ce que tu vis et ce que tu fais. Cela peut t'aider à créer une nouvelle relation avec toi-même. Cela peut t'aider à prendre confiance en toi.

PÉDAGOGIE

Quels sont les enseignements du doute ?

Avec justesse et bienveillance, demande-toi :

« Que m'apprend la relation avec mes doutes ? »

Accueille tes ressentis et tes réflexions intérieures avec confiance et douceur.

Pour t'aider à répondre à cette question, voici quelques pistes de réflexion :

- Les phases de doute sont normales. C'est sain de douter. Quand c'est une alerte, le doute t'aide à construire des critiques constructives, il t'aide à te remettre en question avec justesse et bienveillance, il t'aide à t'adapter au monde extérieur, il t'aide à faire des pauses, il t'aide à construire de nouvelles réflexions, il t'aide à accueillir le changement avec confiance, il t'aide à faire confiance et à confirmer tes convictions ; il t'aide à t'écouter, à te découvrir et à créer ta propre liberté. Douter, c'est important et c'est même fondamental. On me demande souvent la source de mes enseignements. La principale, c'est le doute. Je doute en permanence de ce que je pense, de ce que je lis, de ce que je vois. Je doute de moi comme je doute des autres. Je doute de façon constructive en permanence, et cela m'aide à ne pas me figer dans des certitudes. Cela m'aide à ne pas juger ou critiquer hâtivement. Cela m'aide à prendre du recul me concernant, concernant mes choix, concernant les événements. Douter, c'est indispensable pour créer ton propre chemin de vie.

- Le doute en tant que conseiller te fige dans une zone de confort. Mais par moments, tu as besoin de cette zone de confort. Tu as besoin de rester figé, tu as besoin de ne pas agir, car tu n'as pas les ressources pour le faire. Quand le doute te conseille, cela t'apprend de très nombreuses choses. Cela t'aide à comprendre qu'en ce moment tu n'es pas connecté à tes besoins et à tes limites. Cela t'aide à prendre conscience que quelque chose te dérange, cela t'aide à prendre conscience que tu n'as pas de temps pour réfléchir, pour analyser, pour prendre du recul. Alors, certes, quand il te conseille, tu peux te dévaloriser, tu peux être dans une énergie de retard, tes idées peuvent être figées, tu peux être dans l'autosabotage et tu peux te comparer négativement aux autres. Mais ces moments-là nous arrivent à tous. Les voir et les comprendre t'aide à prendre conscience de ce qu'il se passe en toi. Cela t'aide à ajuster tes actions et tes réactions pour retrouver une nouvelle relation avec le doute. Cela t'aide à prendre du temps pour toi. Par moments, le doute me fige, et te dire le contraire serait te mentir. Ce n'est pas le projet. Quand cela arrive, je me demande pourquoi et j'écoute mes réflexions intérieures. Souviens-toi de ton imperfection.

- Douter, c'est avoir des moments de pause. Et c'est très important. Le stress permanent n'est pas quelque chose que notre corps gère. Il peut gérer des moments de stress temporaires, mais cela perturbe son fonctionnement quand c'est permanent. Et sans s'en rendre compte, on peut vivre guidés par le stress. On va avancer en apnée, en hypervigilance, en économie cognitive et stressés. Tout événement imprévu, toute pensée contradictoire, tout doute sera vu comme un obstacle supplémentaire à dépasser. La vie va être une succession de combats à mener et on va s'épuiser. Quand tu doutes de façon constructive, tu t'accordes des moments de pause. Tu prends le temps d'accueillir, d'analyser et de nourrir tes propres pensées. Cela t'aide à ne pas te laisser guider par le stress et cela t'aide à comprendre ce qui est important pour toi. Le doute en tant qu'alerte est ton allié. C'est ton ami qui t'aide à prendre soin de tes ressources.

- La libération du doute est une fuite en avant. C'est une fuite de tes réflexions, c'est une fuite de ton besoin de changement, c'est une fuite de la nouveauté. Je ne te conseille pas de te libérer de tes doutes, je te conseille de les écouter de façon positive. Si tu ne doutes pas, tu ne peux pas changer. Or, tu es un être avec des énergies en mouvement qui vit dans un monde en mouvement. Le changement est constant. Il est présent à chaque instant, à chaque minute de notre vie. C'est notre mental qui nous fait croire qu'il n'est pas là en créant une routine. Nous ne sommes que changement. Si tu ne doutes pas, tu ne t'adaptes pas à tes propres énergies et tu n'arrives pas à interagir de façon positive avec le monde extérieur. Le doute est ton allié. Il t'aide à intégrer le changement en fonction de tes besoins et de tes limites.

- Sans doute, tu déséquilibres ton ego. Pour rappel, l'ego est la membrane semi-permanente entre le monde extérieur et toi. Quand ton ego est sous-actif, tu éponges totalement l'extérieur. Quand il est suractif, tu refuses l'extérieur en projetant totalement ton monde intérieur. Le doute t'aide à prendre conscience de tes besoins et de tes limites. Le doute est constructif. Si tu ne doutes pas, tu n'es pas à l'écoute de tes besoins. Tu n'arrives pas à équilibrer ta relation avec l'extérieur. Cela peut déséquilibrer tes relations avec les autres. Tu peux avoir l'impression de toujours en faire trop ou pas assez, car cette membrane n'est pas équilibrée. Douter, c'est l'équilibre de ton ego, de ton être intérieur, de tes interactions extérieures.

Posons-nous maintenant la dernière question :

RÉSOLUTIONS

Quelles actions puis-je mettre en place ?

Avec douceur et bienveillance, demande-toi :

« Quelles actions puis-je mettre en place pour créer une nouvelle relation avec mes doutes ? »

Accueille tes ressentis et tes réflexions intérieures avec justesse et honnêteté.

Pour t'aider à répondre à cette question, voici quelques pistes de réflexions :

- Accueille tes doutes. Plus tu vas chercher à les fuir, et plus tu vas créer un brouillard intérieur au niveau de tes pensées. Prends le temps de t'installer dans un endroit calme. Tu peux méditer si tu en ressens le besoin. Écris les doutes présents en toi, leur nature, leur source et écris les questions que cela éveille en toi.
- Tu peux demander de l'aide, si tu en ressens le besoin, à une personne de confiance ou expérimentée, surtout si le doute figeant est une base d'ancrage. Le but est de créer une nouvelle relation avec toi-même sans que tu te sentes en danger ou en souffrance. Si tu ne te sens pas capable de le faire seul, demande de l'aide. C'est très important.

- Prends conscience de ton potentiel. Quand tu as l'impression que le doute te fige, fais quelque chose qui met en avant ce que tu sais faire. Cela peut être de la peinture, de l'écriture, cela peut être une activité manuelle ou toute autre activité où tu te sens à l'aise et valorisé. Cela va t'aider à garder confiance en toi malgré la présence importante de doutes.

- Plus le doute est puissant, plus tu as besoin de calme. Organise-toi pour avoir quelques minutes, quelques heures, quelques jours, quelques semaines pour être au calme pour écouter tes réflexions intérieures. C'est très important pour créer une nouvelle relation avec tes doutes. Cela va t'aider à prendre du recul et à réfléchir aux actions à mettre en place pour écouter tes besoins et tes limites.

PÉDAGOGIE

Quels sont les enseignements du déséquilibre de l'ego et de la faille narcissique ?

Toujours avec justesse et bienveillance, pose-toi cette question :

> *« Que m'apprend le déséquilibre de mon ego ? »*

Pour t'aider à répondre à cette question, voici quelques pistes de réflexion :

- Il n'y a pas une bonne façon d'être ou de faire comme il n'y a pas de bonnes ou de mauvaises personnes. Il n'y a que des personnes qui font le maximum avec les moyens qu'elles ont. Prends conscience que tant que tu respectes tes propres limites et celles des autres, tu as le droit de tout faire. Tu as le droit d'être la personne que tu veux. Tu as le droit d'avoir des opinions, des pensées, des envies, des besoins différents de ceux des autres. Tu as le droit de dire « non ». Se détacher de cette pensée manichéenne de bonnes ou mauvaises personnes t'aide à te recentrer et à équilibrer ton ego.

- Le bonheur est une construction personnelle. Tu n'as pas la même définition du bonheur que ton voisin ou ta voisine, et tu n'as pas la même façon de le créer non plus. Chaque chemin est unique. Chaque personne est unique. La sensibilité de chaque personne est unique. Tout part de toi. Tes besoins ne sont pas ceux des autres. Tes rêves non plus. Ton vécu non plus. Ta personnalité non plus. Tu es unique et tu avances à ta manière.

- Ce n'est pas en disant « oui » tout le temps que tu obtiens plus de respect ou de considération de la part des autres. Ce n'est pas en disant « non » que tu obtiens forcément le mépris et l'indifférence des autres. Les autres t'aiment pour qui tu es et non pour ce que tu leur apportes. Si tel est le cas, alors réfléchis aux bases de ces relations. Ne sont-elles pas davantage toxiques que saines ? Tu n'obtiens pas l'amour des autres en disant « oui » tout le temps. Il est important que les réponses « oui » ou « non » soient en accord avec tes disponibilités, tes besoins et tes limites plutôt qu'en lien avec l'espoir d'amour et de respect des autres.

- L'extérieur a la place que tu lui donnes. Ton ego est comme la membrane semi-perméable de tes cellules. C'est par ton ego que tu équilibres ta relation avec l'extérieur. Trop souvent, on peut avoir l'impression de subir les autres et leurs énergies. On peut avoir l'impression de subir les énergies des astres, les événements et, sans s'en rendre compte, on laisse l'extérieur prendre le contrôle de nos besoins et de nos attentes. On laisse l'extérieur dévorer nos propres limites. C'est toi qui accordes ce droit à l'extérieur. C'est toi qui lui ouvres la porte. C'est toi qui le laisses rentrer. Prends conscience de cela pour équilibrer ton ego, pour respecter et faire respecter tes propres limites.

- Ne te réduis pas à tes comportements et ne réduis pas les autres non plus aux leurs. Cela peut être tentant de catégoriser les autres ou de t'enfermer dans une case. Tu poses une étiquette et le tour est joué. Tu deviens cette étiquette et tu regardes les autres à travers elle. Mais nous sommes des êtres complexes. Tes comportements ne sont pas forcément motivés par des attentions malveillantes et par un désir de nuire. La cause est très souvent tout autre. De nombreuses personnes peuvent être qualifiées de hautaines alors qu'elles luttent contre des failles narcissiques profondes. D'autres vont être d'une méchanceté sans nom, car elles fuient leur partie sombre de toutes leurs forces. D'autres sont d'un pessimisme extrême, n'ayant plus aucune ressource pour gérer leur souffrance intérieure. Tu ne te réduis pas à tes comportements. Est-ce te dédouaner de ta responsabilité ? Non, c'est juste que tu es un être complexe comme nous tous. Il est très important de ne pas catégoriser les autres. Il est important de ne pas poser d'étiquettes. Il est important de voir au-delà du masque que nous pouvons tous porter. Nos comportements peuvent être le reflet de nos failles et de nos combats intérieurs. Tu ne te réduis pas à tes comportements.

- La fuite de tes failles narcissiques peut créer des dommages collatéraux importants. Comme je t'ai dit, je ne crois pas aux personnes toxiques, je crois aux personnes blessées. Quand tu fuis tes failles narcissiques, tu peux blesser les autres. Tu peux refuser de te regarder et de te remettre en question en adoptant des réactions et des fonctionnements qui vont être négatifs pour les autres. Tu peux t'enfermer dans des répétitions de schémas négatifs où tu vas créer des relations toxiques. Tu peux penser que ce sont les autres qui sont mauvais, que ce sont les autres qui sont responsables de ce qui ne te convient pas, que ce sont les autres qui entravent ton bonheur. Tu regardes partout sauf à l'intérieur de toi. Cela crée des dommages collatéraux, c'est-à-dire que cela crée des conséquences négatives sur des personnes qui ne sont pas responsables. Il est important de prendre conscience de tes failles narcissiques pour prendre conscience de ton empreinte énergétique sur les autres, pour que tu puisses créer de nouvelles bases relationnelles.

- S'aimer est la base de tout. Tu peux attendre que ce soit l'extérieur qui t'apporte l'amour. Une belle rencontre, une belle histoire, un bon moment. Tu attends que ce soient des événements extérieurs qui t'apportent l'amour que tu attends. Sauf que l'amour est une construction personnelle. Si tu attends que ce soit l'extérieur qui te l'apporte, ce n'est pas de l'amour, c'est de la dépendance. Tu construis un amour personnel que tu partages et amplifies avec l'extérieur. S'aimer, c'est la base de ton bonheur. S'aimer, c'est créer ton propre chemin. S'aimer, c'est te respecter et prendre conscience de ton potentiel intérieur. Tu peux me dire : « C'est difficile de s'aimer. » Je sais. Et je n'ai pas de méthode miracle à te vendre. Cependant, je te donne tout au long de ce livre des outils pour que tu puisses t'aimer. Aime-toi. C'est un des meilleurs conseils que je puisse te donner.

- Moins tu acceptes tes failles narcissiques, et plus tu te sens perdu. Tu peux enchaîner les rituels d'ancrage, réciter des protocoles pour trouver ta place, effectuer tous les exercices de développement personnel que tu trouves, si tu n'acceptes pas tes failles narcissiques, tu ne te sentiras pas à ta place. Ce n'est pas non plus une promotion à ton travail, un déménagement ou une relation avec une autre personne qui va t'aider à te sentir à ta place. C'est toi qui crées ta place. Tu ne la trouves pas. Tu la crées en créant des bases intérieures saines et solides. Pour cela, tu as besoin de regarder et d'accepter tes failles narcissiques pour créer une nouvelle relation avec elles. Cela va t'aider à t'ancrer et à te sentir à la maison, dans ta maison intérieure.

- Se libérer de ses failles narcissiques est un leurre. C'est une course folle qui va te demander beaucoup de temps et d'argent. Cette libération peut engendrer une grande culpabilité, car tu reviendras toujours au point de départ encore plus fatigué (et fauché) que lorsque tu as commencé ta course. Se libérer, c'est fuir. Rappelle-toi qu'une faille narcissique est un manque d'amour, alors aime tes failles narcissiques. Les aimer, ce n'est pas les nourrir. Les aimer, ce n'est pas s'y soumettre. Les aimer, c'est accepter qui tu es, ce que tu as vécu, c'est agir aujourd'hui avec l'enseignement de ton passé pour créer une nouvelle vie intérieure et extérieure.

Posons-nous maintenant la dernière question :

RÉSOLUTIONS

Quelles actions puis-je mettre en place ?

Maintenant que tu as eu ces prises de conscience, comment peux-tu agir ?

Demande-toi :

« Quelles actions puis-je mettre en place pour équilibrer mon ego ? »

Pour t'aider à répondre à cette question, voici quelques pistes de réflexion :

- Pour équilibrer ton ego, tu as besoin de connaître tes besoins, qu'ils soient vitaux, de sécurité, d'appartenance, d'estime de soi ou de réalisation. Que ce soit seul, avec un outil spirituel ou avec une personne de confiance ou expérimentée, détermine tes besoins. Demande-toi ce qui est important pour toi, ce qui t'aide à te sentir en sécurité, ce qui te motive, ce qui te fait rêver. Cela va t'aider à t'affirmer et surtout à te connecter à ton identité.

- Pour équilibrer ton ego, tu as besoin de connaître tes limites. Que ce soit seul ou accompagné, demande-toi ce que tu acceptes et ce que tu n'acceptes pas, ce que tu veux et ce que tu ne veux pas, ce que tu désires et ce que tu ne désires pas. Ensuite, demande-toi quelles sont les actions indispensables à mettre en place pour respecter ces limites.
- Pour équilibrer ton ego, ose dire « non » quand quelque chose ne te convient pas. Sans laisser les pensées limitantes te faire croire que cela va apporter des conséquences désastreuses, ose refuser une proposition, une opportunité, une invitation, une situation quand cela n'est pas en accord avec tes besoins et tes attentes.
- Pour équilibrer ton ego, doute. Le doute est salutaire. Le doute n'est pas l'ennemi de la spiritualité, bien au contraire. Accorde-toi des moments de doute. Cela va t'aider à te remettre en question, à te découvrir, et cela va t'apporter de grandes révélations intérieures. Cela va t'aider à équilibrer ton ego. Le doute t'aide à ne pas créer d'ego suractif. Il t'aide à garder cette justesse et cette bienveillance à ton égard et à l'égard des autres. Le doute en tant qu'alerte est un grand ami de la spiritualité et un guide fiable pour équilibrer ton ego.

- Tu peux demander l'aide d'une personne de confiance ou expérimentée, surtout si la faille narcissique est profonde. C'est très important que tu puisses accueillir, accepter et regarder tes failles narcissiques avec douceur et bienveillance, à ton rythme. Ne t'oblige pas à tout régler en deux jours, mais va à ton rythme, vraiment.

- Tu peux créer une nouvelle relation avec tes émotions négatives. La culpabilité, la honte, le dégoût et la tristesse peuvent être tes conseillères. Cela peut entraîner des réactions émotionnelles qui te maintiennent dans ta zone de confort. Créer de nouvelles réactions émotionnelles et écouter tes émotions peuvent t'aider à créer une nouvelle relation avec tes failles narcissiques. Cela peut t'aider à te découvrir et à créer ton propre bonheur.

- Tu peux te concentrer sur des pensées positives. Tu peux te créer un ou plusieurs mantras. Un mantra est une phrase positive au présent simple. Tu peux créer ton propre rituel où tu prends de grandes inspirations et expirations, et où tu répètes ce mantra jusqu'à ressentir une énergie de bien-être.

- Chaque soir, tu peux tenir un carnet de gratitude. Tu écris au moins trois choses positives que tu as ressenties et/ou vécues. Cela va t'aider à te concentrer sur le positif, et cela va t'aider à te rendre compte de tout ce que tu es et de tout ce que tu as. Cela va t'aider à te concentrer sur l'instant présent.

- Pardonne. Ce n'est pas une injonction. Le pardon est une expérience personnelle. J'en parle dans *Le Guide du Lightworker*. Le pardon t'aide à te détacher des liens toxiques que tu as avec une personne ou avec une situation. Cela t'aide à fermer un chapitre de ta vie pour en ouvrir un nouveau. Le pardon est important mais il n'est pas obligatoire. C'est toi qui le crées à ton rythme en fonction de tes ressources.

PÉDAGOGIE

Quels sont les enseignements de la dualité ?

La dualité peut t'apprendre beaucoup de choses quand tu la regardes comme une alerte positive.

Alors, pose-toi cette question :

« Que m'apprend la dualité ? »

Pour t'aider à répondre à cette question, voici quelques pistes de réflexion :

- La dualité n'est pas négative quand elle est une alerte. Ne cherche pas à t'en libérer avant de comprendre pourquoi elle est là. Cela va t'aider à te connecter à toi, à te découvrir, à te comprendre et à te connaître.
- Très souvent, une dualité temporaire est présente quand tu as commencé un travail intérieur, quand tu as eu une grande prise de conscience. C'est un réflexe psychique, émotionnel et énergétique quand tu perçois le changement comme un danger. Une forme de survie pour stopper ton avancée sur le nouveau

chemin qui se dessine devant toi. C'est une alerte positive pour t'aider à avancer à ton propre rythme sans dépasser tes limites intérieures. La dualité t'apprend à prendre soin de tes ressources.

- Une dualité ancrée en toi peut devenir une habitude de vie, de ressenti et de fonctionnement. Tu n'avances pas et tu crées dans la dualité avec les nombreux événements imprévus, les retards et les blocages qu'elle peut engendrer. Et pourtant, tu la gardes comme base d'ancrage. Une dualité permanente peut apporter de nombreux bénéfices secondaires. L'un d'entre eux est le fait d'obtenir un effet toujours positif d'une situation, d'un fonctionnement ou d'une relation en réalité négatif.
- Rappelle-toi que tu fais le maximum avec les moyens que tu as. Parfois, la meilleure façon que tu as de réagir est de créer une dualité intérieure. Tu ne te sens pas capable de faire autrement. Ça n'est pas grave. Cela t'aide à prendre conscience de ce qu'il se passe en toi et à l'extérieur. Cela t'aide à prendre du recul et à réfléchir à ce que tu souhaites et à ce que tu fais.

RÉSOLUTIONS

Quelles actions puis-je mettre en place ?

Après avoir intégré les enseignements, il est important de mettre en place des actions. Le but est de t'aider à reprendre le pouvoir, à avancer et à agir en fonction de tes besoins et de tes attentes.

Pose-toi la question :

« Quelles actions puis-je mettre en place pour ne plus être conseillé par la dualité ? »

Pour t'aider à répondre, voici quelques pistes de réflexion :

- Tu peux demander de l'aide à une personne de confiance ou expérimentée si tu en ressens le besoin. Cela peut t'aider à analyser la source et l'importance de la dualité présente en toi. Cela peut t'apporter un soutien pour sortir de ta zone de confort et pour faire confiance au renouveau et à l'inédit.

- Tu peux créer une *to-do list* d'actions qui vont t'aider à sortir de ta zone de confort. Ces actions sont liées à tes besoins et tes attentes. Accorde-toi un temps précis pour la réalisation de ces actions. Ne te surcharge pas, commence doucement avec trois actions par exemple, et va à ton rythme.

- Tu peux écrire tes pensées quand tu ressens la dualité se manifester. Écris-les sans jugement ni censure. Ensuite, pour chaque pensée écrite, écris une phrase positive. Ferme les yeux et répète cette même phrase jusqu'à ressentir une énergie de bien-être.

- Tu peux méditer ou pratiquer la cohérence cardiaque pour créer une nouvelle harmonie intérieure.

PÉDAGOGIE

Quels sont les enseignements des carapaces énergétiques ?

Avec douceur et bienveillance, demande-toi :

« Quels sont les enseignements de mes carapaces énergétiques ? »

Avec honnêteté et justesse, accueille tes ressentis et tes réflexions intérieures.

Pour t'aider à répondre à cette question, voici quelques pistes de réflexion :

- Une carapace énergétique peut être permanente, temporaire ou récurrente. Tu ne crées pas de carapace par simple plaisir de te bloquer. Tu le fais pour te sentir en sécurité. Pour travailler sur tes carapaces énergétiques, tu as besoin de comprendre pourquoi tu te sens en danger. Tu as besoin de comprendre ce que tu fuis. Tu as aussi besoin de comprendre si des éléments extérieurs viennent créer des peurs intérieures. Tu as besoin de faire une pause pour te recentrer et pour te retrouver. Tu as besoin de calme, de douceur et de bienveillance pour écouter tes réflexions et tes ressentis intérieurs. Tu as besoin de ralentir le rythme et tu as besoin de prendre ton temps.
- Plus tu vas avoir des difficultés à être honnête avec toi, et plus tu vas créer des carapaces intérieures. Il est parfois compliqué d'être honnête avec soi. Tu peux être influencé par les autres, tu peux être influencé par

la société, tu peux être influencé par ton quotidien. Tu peux éprouver des difficultés à te voir tel que tu es, à te comprendre et à te découvrir. C'est la clef principale pour travailler sur tes carapaces énergétiques. Et l'extérieur ne t'aide pas forcément. Le monde spirituel peut ne pas t'aider. Alors, si, il va te proposer des rituels magiques, des protocoles magiques, des grigris magiques qui vont faire partir ces méchantes carapaces. Du moins, ce sont les promesses que tu vas entendre. Mais tu sais maintenant que cela n'est pas possible. C'est l'honnêteté envers toi qui va t'aider à les enlever. C'est la connaissance de ton être. C'est l'acceptation de toutes les parties de ton être qui va t'aider à te retrouver et à créer un équilibre intérieur. L'honnêteté ne s'achète pas. C'est un engagement que tu prends avec toi-même.

- Même si tu travailles sur une carapace, elle peut revenir. Ne te décourage pas, c'est normal, et surtout c'est une alerte importante. Tu es un être complexe qui vit dans un monde complexe. Tu es un être avec des énergies en mouvement qui interagit dans un monde impermanent. Par moments, en fonction de tes ressources intérieures, tu peux avoir peur d'une partie de toi-même. Tu vas alors mettre en place des carapaces. Mais en étant honnête avec toi, tu vas vite t'en rendre compte. Tu vas pouvoir te questionner. Tu vas accueillir tes réflexions intérieures. Tu vas mettre en place des actions pour créer une nouvelle harmonie intérieure et extérieure. Tu ne vas plus voir ces carapaces comme d'horribles choses à bannir vite et bien. Tu vas les percevoir comme des alertes importantes qui t'aident à t'écouter, à te découvrir et à être libre.

- Tu es ton principal guide, mais parfois tu peux être ton pire ennemi. Tu peux agir à l'encontre de ton bien-être. Tu peux créer tes propres freins. Tu peux créer tes propres événements imprévus. Tu peux t'éloigner de ton propre bonheur. Tu n'es ni une mauvaise personne ni une personne faible quand tu agis de la sorte. Tu es juste humain. Prends le temps dont tu as besoin pour retrouver une relation saine avec toi. On peut tout faire pour être aimé des autres, pour nos relations, pour nos projets, mais avant d'apporter cela aux autres, apporte-le-toi. Accorde-toi toute l'attention que tu portes à l'extérieur. Accorde-toi le temps et le respect que tu accordes aux autres. Écoute-toi comme tu écoutes les autres. Comprends-toi comme tu comprends les autres. Aime-toi comme tu aimes les autres.

Posons-nous la dernière question :

PÉDAGOGIE

Quelles actions puis-je mettre en place ?

Avec douceur et bienveillance, demande-toi :

« Quelles actions puis-je mettre en place pour me détacher de mes carapaces énergétiques ? »

Accueille tes ressentis et tes réflexions intérieures avec justesse et honnêteté.

Pour t'aider à répondre à cette question, voici quelques pistes de réflexion :

- Fais une pause. Quand tu détectes la présence d'une carapace, cela veut dire que tu as besoin d'une pause. Tu as besoin de temps pour toi. Tu as besoin de te retrouver. Tu as besoin de te recentrer. Tu as besoin de calme. Tu as besoin de repos. Fais une pause le temps dont tu as besoin.
- Détermine où se situe ta carapace énergétique et découvre sa source. Tu peux le faire à l'aide de la méditation, de l'écriture, d'un oracle, d'un pendule, de runes, etc. Tu peux aussi prendre du recul sur ce que tu fais et ce que tu ressens. Pour t'aider, voici quelques exemples pour comprendre la place de ta ou de tes carapaces énergétiques :

CARAPACE AU NIVEAU DU CHAKRA RACINE :
autosabotage, syndrome de l'imposteur,
inaction, impossibilité de faire le premier pas.

CARAPACE AU NIVEAU DU CHAKRA SACRÉ :
incapacité à équilibrer ses réactions émotionnelles,
incapacité à comprendre les messages, les
alertes des émotions, manque de confiance
en soi, manque d'affirmation de soi.

CARAPACE AU NIVEAU DU CHAKRA
DUPLEXUS SOLAIRE :
croyances limitantes puissantes, incapacité
à créer un calme intérieur, incapacité
à écouter ses pensées positives.

CARAPACE AU NIVEAU DU CHAKRA DU CŒUR :
incapacité à faire confiance aux autres, incapacité
à créer des relations stables et sereines,
incapacité à agir en fonction de ses passions.

CARAPACE AU NIVEAU DU CHAKRA DE LA GORGE :
incapacité à communiquer avec soi,
avec les autres et avec ses guides.

CARAPACE AU NIVEAU DU CHAKRA DU 3e ŒIL :
incapacité à se connecter à son intuition,
incapacité à travailler ses capacités spirituelles,
incapacité à se connecter à ses outils spirituels.

CARAPACE AU NIVEAU DU CHAKRA CORONAL :
incapacité à lâcher prise, incapacité à prendre
du recul, incapacité à se remettre en question.

- Tu peux demander l'aide d'une personne de confiance ou expérimentée pour réaliser un soin énergétique. Cela va t'aider à créer une nouvelle harmonie intérieure. Tu demandes ce soin énergétique quand tu as compris la place et la source de ta ou de tes carapaces énergétiques.

- Tu peux mettre en place des rituels pour t'aider à maintenir une écoute intérieure et un équilibre énergétique. Cela peut être une pratique sportive, une activité artistique, la méditation, une pratique avec un outil spirituel, l'écriture d'un journal intime, etc. Le but de ce ou ces rituels est de t'aider à être honnête avec toi-même.

CONCLUSION

Maintenant que je t'ai présenté la méthode, tu peux encore te demander par rapport au titre du livre : « OK, mais en quoi cela est un pouvoir ? » Tu as raison de te poser cette question, et c'est ce que je vais tenter de t'expliquer dans ce dernier chapitre.

On peut croire que nos blessures font de nous des personnes fragilisées, faibles et vulnérables. On peut aussi croire qu'elles sont responsables de tout ce qui ne va pas dans notre vie, et on peut se croire indignes pour toujours de choses positives et heureuses. Sauf que ce n'est pas vrai. Soyons honnêtes, as-tu déjà rencontré une personne qui n'était pas blessée ? Cela n'existe pas.

Je sais que dans le domaine de la spiritualité, tu as pu rencontrer beaucoup de personnes se prétendant libérées de leurs blessures. Mais as-tu réellement observé des personnes non blessées ? Moi, non. Et pourtant, même si je ne suis pas la personne la plus sociale de la Terre, j'ai rencontré et je rencontre de nombreuses personnes. Chacune d'entre elles était et est encore aujourd'hui un être blessé, avec des blessures plus ou moins intenses, avec une répercussion dans leur quotidien plus ou moins intense, avec un nombre de blessures qui varie selon chacune.

Être blessé n'est pas une damnation. Ce n'est pas une tragédie avec une fin horrible qui va te faire pleurer. C'est une condition humaine. Nous sommes des êtres blessés, et il est très important de le reconnaître. Car, quand tu le reconnais, tu te regardes enfin comme tu es, tu es honnête avec toi-même, tu arrêtes de te fuir et tu peux enfin reprendre ton souffle pour te rendre compte que ce n'est pas un monstre qui te court après, c'est juste toi, la beauté de ton être et de ton identité que tu ne souhaites pas accepter.

La reconnaissance de tes failles, la prise de conscience de tes blocages, la remise en question de tes actions est le premier pas vers l'acceptation. Alors, oui, je sais, ce n'est pas très sexy, car cela demande du temps. Ce n'est pas sexy, car je n'ai pas tout un programme hyper bien marketé à te vendre derrière. Mais mon parcours spirituel m'a vraiment appris cela : l'acceptation est la base de l'amour de soi. Et c'est en prenant conscience de tes blocages et de tes blessures que tu t'acceptes.

Quand tu t'acceptes, tu n'as plus besoin de dépendre du regard de l'autre pour t'aimer. Tu n'as plus besoin de dépasser sans cesse tes limites pour être accepté des autres. Tu n'as plus besoin de te cacher derrière un masque pour partager avec les autres. Tu n'as plus besoin de lutter contre toi. Au contraire, tu te laisses la possibilité d'expérimenter à ta guise, tu te laisses la possibilité d'être juste toi.

C'est en cela que tes blocages et tes blessures sont une force.

Plus tu te connais, et moins tu es manipulable.

Plus tu te connais, et moins tu crées de schémas relationnels toxiques.

Plus tu te connais, et plus tu t'aimes.
Alors, en vrai, c'est super sexy, non ?

Quand je fuyais mes blessures en cherchant à tout prix à m'en libérer, je ne m'aimais pas. Je cherchais profondément l'amour des autres. Je pouvais tout faire pour eux, mais j'étais incapable de m'aimer.

C'est un conseil qu'il m'est arrivé de recevoir, mais je ne savais pas quoi en faire. M'aimer moi ? Mais comment faire ? Pour m'aimer, je devais reconnaître les blocages associés à mes blessures profondes. Mais je ne voulais pas avoir mal, car j'avais déjà beaucoup trop souffert et je ne voulais pas ressentir de nouveau ces tourments intérieurs.

Alors j'ai cherché. J'ai cherché le grigri magique qui allait m'apporter l'amour, la pierre spéciale chakra du cœur qui allait activer quelque chose, le soin énergétique qui allait tout libérer et faire de moi une nouvelle personne ou le protocole à suivre à la lettre pour recevoir ce satané amour. Mais rien. Je revenais sans cesse au point de départ. Même si j'essayais d'y croire, même si je disais aux autres que ça y est, l'amour de moi était là, même si j'essayais de sauver les apparences. Mais finalement, je me fuyais. Je ne m'aimais pas. Je posais un masque sur mon visage pour ne pas me voir telle que j'étais. J'essayais de m'aimer alors que je n'arrivais même pas à définir ce qu'était l'amour de soi.

Avec le temps, j'ai compris. S'aimer, ce n'est pas se montrer aux autres. Ce n'est pas se croire extraordinaire. Ce n'est pas avoir la reconnaissance.

S'aimer, c'est s'accepter.

S'aimer, c'est veiller à sa propre conversation en respectant ses besoins et ses limites.
S'aimer, c'est une démarche personnelle qui n'implique pas les autres, ni l'extérieur.

Moi qui faisais tout pour sauver les autres et être aimée des autres, je ne m'aimais absolument pas. Mes besoins étaient ceux des autres, mes limites n'existaient pas, je ne m'aimais pas, et le comprendre a été un moment difficile et douloureux. Prendre conscience d'un tel manque de bienveillance envers moi a été un moment très rude. Me souvenir de tout ce que je faisais avec ce nouveau regard a été désagréable, car, non, je n'étais pas une personne altruiste, j'étais une personne dépendante aux autres. Non, je n'étais pas une personne lumineuse, je fuyais mes blocages et mes blessures.

Et c'est quand j'ai commencé à comprendre mes blocages que j'ai appris à m'aimer. C'est quand j'ai questionné mes propres schémas que j'ai appris à m'aimer. C'est quand je me suis regardée dans une glace en enlevant ce masque beaucoup trop lourd que j'ai appris à m'aimer. Est-ce que de cette prise de conscience j'ai créé un outil miracle ? Non, car il n'existe pas, et je te respecte beaucoup trop pour utiliser ton manque d'amour contre toi.

Rappelle-toi cependant que tu es un être unique avec des ressources et des limites personnelles. Si tu n'as pas de ressources, tu ne peux pas t'aimer. Est-ce que cela veut dire que tu es un mauvais élève ? Absolument pas. La spiritualité n'impose pas un modèle unique de perfection. Elle te propose des outils que tu utilises en fonction de ta propre sensibilité. Elle t'invite à te regarder tel que tu es. Elle n'impose rien.

Alors, prends conscience que tu fais le maximum avec les moyens que tu as et que, par moments, tu ne peux pas t'aimer. Tu n'es pas capable de le faire. Et rassure-toi, c'est le cas de chaque personne. Ce fut mon cas pendant de très nombreuses années. Il y a des moments où l'amour est facile et puissant et d'autres où tu ne vas voir que tes défauts. C'est la vie, c'est une danse sous la pluie.

Tu es la priorité de ta vie. Être ta priorité, ce n'est pas oublier les autres ou fermer les yeux sur le monde qui t'entoure. C'est prendre conscience que tu es ton principal guide, que tu es ta propre source de lumière que tu peux ensuite partager avec les autres.

Ce n'est pas l'extérieur qui te construit. C'est toi. Faire de toi ta priorité, c'est avoir confiance en toi et utiliser tes ressources intérieures pour les causes qui sont importantes pour toi. C'est inspirer les autres pour les aider à créer leur propre bonheur et bien-être. Tout ce que tu apportes aux autres, tu te l'apportes d'abord à toi-même.

Tu es un être complexe. Tu n'as pas un bouton « amour de soi » en toi. Il ne suffit pas d'appuyer sur ce bouton pour que l'amour t'envahisse et pour que tu sois dans le bien-être et le bonheur. L'amour de soi est une construction personnelle qui n'est pas un chemin unique. C'est ton chemin personnel avec tes propres chaussures et ton propre sac à dos. Tu ne peux pas comparer ton chemin à celui des autres. Prends conscience de ta complexité pour prendre conscience de ton propre chemin et de ta propre façon d'avancer. C'est la base de ton bien-être, de ton acceptation et de ton bonheur.

S'aimer, c'est un chemin que tu parcours tous les jours. L'amour de soi n'est pas un trésor que tu découvres et qui ne te quitte plus ensuite. J'aimerais te dire le contraire, mais ce n'est pas vrai. Je ne peux pas te promettre un amour éternel qui ne te quittera jamais. Accepte que certains jours tu ne t'aimes pas ou peu. Ce n'est pas une fatalité.

Il y a des jours où je ne m'aime pas. Je l'accepte. Je ne me force pas à être une autre personne. Je suis Isa, parfaitement imparfaite. Et toi, qui es-tu ?

Rappelle-toi qu'accepter tes blocages est le premier pas vers toi. En te posant des questions, tu t'accueilles. En te posant des questions, tu t'acceptes. En acceptant et en travaillant sur tes blocages, tu crées une nouvelle relation avec tes blessures. Elles ne te conseillent plus, elles t'alertent. Et cela t'aide à accepter ton imperfection. Cela t'aide à prendre conscience que certains jours tu seras guidé par ta force intérieure et, d'autres jours, tu en seras incapable. Tu prendras alors le temps de te poser la question « Pourquoi ? ». Et tu seras dans une écoute quotidienne de tes besoins et de tes limites. Tu seras alors toi-même. Tu arriveras à te détacher des injonctions sociétales et spirituelles, tu arriveras à te détacher des croyances limitantes, tu arriveras à trouver ton propre rythme, tu arriveras à dire « non » quand cela ne te convient pas, tu arriveras à penser à toi, tu arriveras à être heureux. C'est possible. Ce n'est pas facile. Mais c'est possible. Alors, s'il te plaît, crois en toi. Personnellement, je crois en toi. Tu peux le faire.

Après la phase d'acceptation vient la phase de résilience. Et la force de tes blocages et de tes blessures se déploie encore plus.

Je sais que tu as entendu ce terme un peu partout lors de ton parcours spirituel. Mais sais-tu vraiment ce qu'est la « résilience » ?

La « résilience » n'est pas un terme employé en premier lieu dans le domaine de la psychologie. C'est un terme utilisé dans le domaine de la physique pour décrire l'énergie absorbée par un corps lors d'une déformation pour revenir à son état initial. Le mot « résilience » a été employé pour la première en 1626 en anglais par le philosophe Francis Bacon pour désigner la capacité de rebondir, de se ressaisir, de se redresser. Tu peux toutefois connaître ce terme grâce aux nombreux travaux de Boris Cyrulnik qui l'a médiatisé à la fin des années 1990. Pour lui, la résilience est la capacité d'un individu ou d'un groupe d'individus à se développer et à se projeter dans le présent et dans l'avenir malgré des expériences de vie négatives, traumatisantes et destructrices.

La résilience est la capacité à dépasser les chocs traumatiques et les épreuves. C'est la capacité à créer un enseignement de ces expériences pour en faire une force d'action positive et une force de vie.

La résilience, c'est la capacité de s'accepter, de se découvrir et de se construire en tirant parti de son passé comme une vraie source d'enseignements, plutôt que de créer des schémas négatifs, plutôt que de voir son passé comme un sombre prédicateur de son avenir, plutôt que de revivre sans cesse les expériences anciennes.

Plus tu vas prendre conscience de tes blocages, plus tu vas t'accepter.

Plus tu vas créer une nouvelle relation avec tes blessures, et plus tu seras résilient.

C'est toi qui vas créer ton propre chemin pour te sentir plus libre.

On pense souvent qu'être libre, c'est faire ce qu'on veut quand on veut. Ce n'est pas ma définition. Être libre, c'est te connaître si bien que tu ne laisses plus de faits bloquants entraver ta vie, car tu as appris à poser tes limites et à avancer selon tes besoins. Tu ne te sens plus en train de divaguer selon les attentes des autres ou de la vie. Tu sais où tu vas et tu sais changer de direction quand tu en ressens le besoin. C'est ça être libre. Et l'écoute de tes blessures et de tes blocages t'aide à le faire. Alors, vraiment, accepte-toi.

La résilience, c'est ta capacité à continuer d'avancer et à te développer autour de tes cicatrices, autour de tes traumatismes. Je donne toujours la métaphore des racines d'un arbre qui continuent de grandir sur des ruines. La nature reprend toujours ses droits sur des bâtiments abandonnés, c'est ça la résilience. Ce n'est pas mieux te construire, ce n'est pas être moins bien. C'est le fait de continuer. Continuer de vivre, continuer de respirer, continuer de te centrer sur tes propres besoins et tes propres limites. Continuer d'oser, continuer d'expérimenter, continuer de grandir, continuer d'évoluer, continuer de créer des bases intérieures solides autour d'un passé, d'un vécu, d'expériences qui ont pu créer des ruines intérieures. Ces mêmes ruines intérieures qui se transforment en marques, en cicatrices qui t'accompagneront toute ta vie.
Est-ce fataliste ? Absolument pas.

Regarde ton corps. Tu as sûrement des cicatrices à la suite d'anciennes expériences. Remarque comme certaines d'entre elles ne sont presque plus visibles. Regarde ton corps. Observe-toi. Tu es ton propre modèle de résilience. La résilience ne te libère pas de tes cicatrices, c'est impossible, et surtout tes cicatrices sont le reflet de ton histoire, de ton vécu, de ce qui constitue une grande partie de ta personnalité.

Tu n'es pas tes cicatrices. Tu n'es pas ces marques. Tu es le chemin et les racines que tu as construits autour de ces ruines. Et cela fait toute la différence. La résilience n'efface pas les souvenirs, elle ne promet pas un bonheur permanent et éternel puisque cela est impossible.

La résilience t'aide à accepter ce que tu as vécu, à transcender ce que tu as vécu pour créer ton propre bonheur intérieur.

La résilience est un processus d'adaptation et non un trait de personnalité. Elle peut se mettre en place à tout âge.

La résilience s'effectue en trois temps :

La phase du traumatisme, de l'expérience douloureuse.

La phase de dépression et de choc.

La phase d'intégration et de transformation.

Quand tu es dans les deux premières phases, tu ne peux pas être résilient. Et dans la vie, il y a un temps pour tout. Tu ne peux pas vivre un traumatisme tout en le transformant. Tu ne peux pas te demander comment sublimer tes cicatrices tant que les plaies sont encore béantes. Tu ne peux pas sourire alors que tu es en train de hurler de désespoir. Il y a un temps pour tout : un temps pour l'expérience, un temps pour la prise de recul et un temps pour l'enseignement. Tant que tu n'as pas commencé à prendre du recul, tu ne peux pas être résilient.

Est-ce grave ? Pas du tout. Est-ce que tu prends du retard ? La vie n'est pas une course. Est-ce que c'est OK que tu ailles à ton rythme ? Absolument.

La résilience est un processus complexe. Ce n'est pas un déclic magique. Ce n'est pas facile. C'est possible.

La résilience dépend de plusieurs facteurs, qu'ils soient personnels mais aussi extérieurs. Être résilient peut demander du temps. Seul, tu ne peux pas être résilient et, parfois, même accompagné, tu en es incapable. Je te le répète, c'est un processus complexe. Prendre conscience de sa complexité, ce n'est pas en avoir peur et te dire que c'est impossible pour toi. C'est avancer vers toi-même d'une façon douce et bienveillante.

Accepter les phases plus sombres où tu auras l'impression de retourner dans tes schémas négatifs. Apprécier les phases où tu avanceras rapidement et où tu auras de grandes révélations intérieures.

La vie est une danse sous la pluie. Tu es un être complexe, la résilience l'est également, à ton image.

Avec ce livre, je te tends la main pour t'apporter le soutien dont tu peux avoir besoin. Sans rien te promettre de miraculeux, je t'apporte une *safe place* pour que tu puisses te sentir compris, épaulé et accompagné.

Sans avoir la prétention de te sauver, je suis là à tes côtés et je t'apporte mon cadre de référence pour que tu puisses créer le tien. Je suis avec toi. C'est une relation parasociale, j'en conviens, mais je suis avec toi. Avançons ensemble. Deux êtres blessés qui s'aident à créer leur bonheur individuel en s'épaulant mutuellement.

Je suis avec toi.

De la résilience naît le bonheur.

Par définition, le bonheur est un état de plénitude et de satisfaction agréable et équilibré de l'esprit et du corps.

Beaucoup de philosophes se sont intéressés à la définition et au concept du bonheur. Le bonheur se trouve dans la maîtrise de ses désirs selon Platon, dans la vertu selon Aristote, dans la satisfaction de ses désirs selon Épicure, dans l'acceptation de ne pas être heureux selon Kant, dans la connaissance selon Spinoza. Et bien d'autres.

Chacun d'entre nous souhaite être heureux. Cependant, nous voyons souvent le bonheur comme une quête, comme quelque chose à aller chercher, comme quelque chose qui nous attend quelque part. Le bonheur ne se trouve pas à l'extérieur. C'est une construction personnelle. Attendre d'être en couple, d'avoir une augmentation, d'être en vacances, ce n'est pas attendre le bonheur. C'est être dépendant de l'extérieur. Et très souvent, on s'enferme alors dans une frustration chronique, car on aura besoin de toujours plus pour se sentir heureux. On s'enferme dans un état d'insatisfaction. On s'en rend compte aujourd'hui avec la société de consommation où tout produit acheté est obsolète au bout de deux mois, car sa nouvelle version est sur le marché.

On se désintéresse de notre iPhone pour le nouveau. On court dans les boutiques pour acheter la nouvelle collection. On attend avec frénésie le nouvel oracle. Sans s'en rendre compte, on est dans une insatisfaction permanente, car on attend que l'extérieur nous rende heureux. Je le redis, ce n'est pas du bonheur. C'est de la dépendance.

Chacun a sa propre définition du bonheur. Personnellement, je suis heureuse quand je me sens bien dans mon corps et dans ma tête. J'amplifie ce bonheur en câlinant mon fils et en le regardant grandir. Je l'amplifie en prenant soin des gens que j'aime. Je l'amplifie en créant des outils et en animant les conférences « L'éveil de l'âme ». Je l'amplifie en écrivant ces lignes. Mais l'extérieur n'est pas le déterminant indispensable à mon bonheur. C'est moi. Et j'accepte les jours où je ne suis pas heureuse. Où mon esprit est encombré, où j'ai mal dormi et où mon corps est endolori. Je l'accepte, car je ne m'oblige pas à être quelqu'un que je ne suis pas. Je ne suis pas dans la course à la performance. Je suis juste moi, Isa, qui fais le maximum avec les moyens que j'ai.

Le bonheur n'est pas l'ascension vers la cinquième dimension promise pour les être éveillés. Le bonheur n'est pas un *goal* que tu atteins qui ne te quitte jamais. Le bonheur est un état d'être. Sauf que tu es un être avec des énergies en mouvement. Donc, tes moments de bonheur varient en fonction de ces mêmes mouvements, l'intensité du bonheur ressenti aussi. Je t'invite à profiter intensément des moments de bonheur plutôt que de craindre qu'ils s'arrêtent.

Ce qui compte dans le fond, c'est l'instant présent. Ton passé comme source d'enseignements et ton futur comme boussole, mais ce qui compte, c'est ce que tu vis ici et maintenant, qui tu es ici et maintenant, ce que tu nourris en toi ici et maintenant. Le reste n'est que supposition et le bonheur n'y réside pas.

C'est toi qui crées ton propre bonheur. Il est le résultat de l'acceptation de tes failles, la prise en compte et l'écoute en tant qu'alertes de tes blocages, la résilience que tu mets en place chaque jour. S'il doit y avoir une recette magique, la voici. Et rien ne s'achète. Tout est à l'intérieur de toi. Tu as tous les ingrédients dont tu as besoin.

Va à ton rythme et ne culpabilise pas si tu n'es pas heureux. Tu n'es pas un robot, et je ne t'impose pas d'injonction au bonheur. Je t'apporte juste des pistes de réflexion pour que tu puisses créer ton propre chemin.

Des blessures jaillit la souffrance.

De la souffrance jaillissent les blocages.

De l'écoute des blocages jaillit l'acceptation.

De l'acceptation jaillit l'amour de soi.

De l'amour de soi jaillit la résilience.

De la résilience jaillit le bonheur.

Voici le chemin que je t'invite à parcourir par ta P.R.O.P.R.E méthode, si tu le souhaites, et à ton rythme.

Ce n'est qu'une invitation.

Je t'embrasse,

Isa

REMERCIEMENTS

L'écriture de ce livre a été intense, comme chacun de mes ouvrages.
Je remercie mon vécu, mes failles, mes blessures, mes blocages et ma force de résilience qui m'ont accompagnée dans l'écriture de ce livre.

Je remercie Virginie, mon acolyte, ma sœur d'âme qui, malgré ses vacances dans la boîte, est toujours présente à mes côtés.

Je remercie Johann Chevillard, mon meilleur ami, qui est toujours là pour partager les grands moments de ma vie.

Je remercie mon fils Ménaël, qui m'aide chaque jour à me découvrir davantage et qui m'aide à grandir.

Je remercie Zav. Grâce à lui, de nouvelles étincelles d'amour parsèment mon chemin de vie.

Je remercie mon père, qui a ancré des convictions profondes en moi.

Je remercie Jessika. Grâce au deuil de notre relation, elle m'a aidée à savoir qui je suis aujourd'hui.

Je remercie Victoire, qui est un être unique à mon cœur et que je chéris plus que tout.

Je remercie Julio, le parrain de mon fils. Son ancrage participe au mien et son soutien est précieux.

Je remercie Élodie, ma tendre amie qui est toujours présente près de moi et qui est d'un soutien sans faille.

Je remercie Guillaume Trédaniel qui, par sa confiance sans faille, sa disponibilité et son enthousiasme m'aidée à rendre mes créations réelles.

Je remercie Chloé qui s'est adaptée à toutes les étapes de ce livre avec une grande gentillesse et réactivité.

Je remercie Fanny, ma tendre amie, qui est présente à mes côtés depuis de nombreuses années pour vivre des milliers d'aventures.

Je remercie Hélène, qui est toujours présente à mes côtés.

Je remercie Suzon. C'est une personne formidable, résiliente et de très bons conseils. Je l'aime très fort.

Je remercie Bubu qui, dans les étoiles, veille nous nous.

Je remercie Klauss, mon bouledogue français, qui est un des amours de ma vie.

Je remercie Barney, notre boule de poils au regard vide, qui emplit notre cœur d'amour.

Je tiens aussi à te remercier, toi, qui lis ce livre.
Par ton chemin, tes expériences, tes enseignements, ton regard sur la vie, tu es une source d'inspiration et de réflexions pour moi. Merci pour ta sensibilité et pour ta beauté d'âme.

Je remercie la vie, toutes les personnes que j'ai rencontrées, toutes les expériences que j'ai vécues et toutes les émotions que j'ai ressenties.

NOTES PERSONNELLES

NOTES PERSONNELLES

NOTES PERSONNELLES

NOTES PERSONNELLES

NOTES PERSONNELLES

De la même auteure, chez le même éditeur

Collection les Oracles d'Isa

Mission de vie, cartes oracle – coffret, 2019.
—, *18 nouvelles cartes pour approfondir ses guidances* – coffret, 2021.
Le Chakra du cœur, cartes oracle – coffret, 2019.
—, *18 nouvelles cartes pour approfondir ses guidances* – coffret, 2021.
Libération énergétique, cartes oracle – coffret, 2019.
Vies antérieures, cartes oracle – coffret, 2019.
La Puissance de la Lune, cartes oracle – coffret, 2020.
L'Oracle de la voix des âmes – coffret, 2021.
L'Oracle des flammes jumelles et autres relations karmiques – coffret, 2021.
À la découverte du pendule – coffret, 2022.

Collection les Horoscopes MAGNÉTIQUES d'Isa

Les Atlandes, cartes oracle – coffret, 2020.
Les Bâtisseurs, cartes oracle – coffret, 2020.
Les Monarques, cartes oracle – coffret, 2020.
Les Phœnix, cartes oracle – coffret, 2020.

S'ouvrir à l'énergie des pierres, avec Johann Chevillard, 2020.
Lumières du jour, agenda 2020 et 2021.
Le Guide du Lightworker, 2020.
Les Nombres Boussoles, 2022.
Astroguidances, agenda 2022 et 2023.

De la même auteure chez Good Mood Dealer by Exergue

Avec Johann Chevillard, dans la collection « Ma Litho Box » :

Enjoy!, 2021.
Here & Now, 2021.
Keep Calm, 2021.
Sweetheart, 2021.

Avec Sophie Trem :

Everyday is a new day, « Feel Good Puzzle », puzzle de 500 pièces, 2021.
Let it Be, « Feel Good Puzzle », puzzle de 500 pièces, 2021.
Love is All, « Feel Good Puzzle », puzzle de 500 pièces, 2021.
Mon premier oracle enchanté – coffret, 2021.

Avec Ely Killeuse :

Post-partum, les premiers mois de la vie de bébé – coffret, 2022.

pcacmb
édition pré-presse
livres numériques

44400 Rezé

Achevé d'imprimer en octobre 2022
sur les presses de la Nouvelle Imprimerie Laballery
58500 Clamecy
Dépôt légal : octobre 2022
Numéro d'impression : 210220

Imprimé en France

La Nouvelle Imprimerie Laballery est titulaire de la marque Imprim'Vert®